신현식 박사 에세이

인생을 바꾸는 이야기

光文閣

머리말

2005년 7월 지금까지 연구했던 논문과 신문, 잡지 등에 투고했던 자료들을 모아 30년 연구 논문집을 발행하여 평소 가까운 주위사람들에게 배포하였다. 많은 분들이 읽어 보시고 내용 중에서 신문, 잡지, 월간지 등에 게재된 내용들은 우리만 보기 아까우니 에세이집을 발간하여 많은 이들과 나누고 공감하면 좋겠다는 권유가 있었다.

부족하나마 지금까지 나는 나의 전공분야인 전자통신 분야의 전문도서를 주로 집필하였으나, 글 쓰는 재주를 갖추지 못한 본인으로서는 걱정스러운 마음이 앞섰다. 그렇지만 지금까지 여기저기에 써 놓은 글들이 아까워 한번 용기를 내어 발표하기로 하였다. 요즈음 우리는 자식이나 제자들을 키우기가 얼마나 어려운 시대인가를 만인이 다 아는 일이다.

옛말에 청출어람(靑出於藍)이라는 말이 있다. 쪽물은 쪽에서 나왔지만 더 푸르다는 뜻이다. 제자가 스승에게서 나왔지만 스승을 능가하고, 아들이 어버이에게 나왔지만 어버이보다도 더 뛰어난 인재가 된다는 뜻으로 양육이나 교육의 지표로서 교육에 헌신하는 이들이 보람으로 삼는 말이다.

35년 동안 내가 가르친 제자들 중에 나보다 더 진하게 살며 사회, 문화, 경제적으로 각자의 분야에서 살아가는 쪽물로서 두각을 나타내고 있으니 보람이 참으로 크다고 생각 된다. 수백, 수천 명의 제자들이 사회의 각 분야에서 나를 기억하며 성실한 자세로 스승님의 가르침대로 살아가노라 고백하고 있으니 참으로 가슴 벅차고 기쁜 일이 아닐 수 없다.

나는 항상 제자들에게 '행복하고 태평한 세월보다는 고난의 세월이 인생을 더 깊이 있게 만든다. 겨울의 혹독한 추위를 경험하지 못하면 봄의 따뜻한 햇볕이 얼마나 감사한지 모르고, 굶주려 보지 못하면 한 조각의 빵이 얼마나 귀한지를 모르다.' 라는 교육을 시키곤 하였다.

어떠한 어려움을 당하더라도 항상 미래를 긍정하면서 극복하고 헤쳐 나가라고 강의한다. 금년 초여름 오래전 근무했던 강릉에 들를 기회가 있어 가까운 제자 부부와 식사를 같이 하였다. 그 제자 부부는 춘천에서 부부 교사로 근무하고 있는, 나에게는 그림자와 같은 제자였다. 자연히 30여 년 전의 추억을 더듬으며 많은 이야기를 나누던 중 나의 결혼 이야기로 화제가 옮겨갔다.

1976년 2월 10일 나는 결혼식을 하게 되었다. 그 당시 생활형편이 어려워 자취방 주인댁에게서 돈 2만 원을 어렵게 빌려 서울 안암동에 있는 절에서 새색시는 여름 흰 구두와 나는 여름 양복을 입고 가까운 친지 몇 사람과 친구들이 지켜본 가운데 조촐한 결혼식을 올렸다. 결혼식 비용을 7천 원 지불하고 남은 돈으로 차비하여 신혼여행을 핑계 삼아 강릉으로 돌아왔다. 단돈 2만원으로 결혼식을 치렀으니 세상에서 가장 저렴하게 한 결혼식이었을 것이다. 신혼생활은 초라한 단칸방에서 시작하였다. 그때를 회상하면 격세지감을 느끼지 않을 수 없다. 이 모든 것을 가장 가까이에서 지켜본 제자가 가끔 주위의 지인들에게 선생님께서 살아온 이야기를 하면 대부분 반신반의하면서 어떻게 생기신 분일까 하고 궁금해 한다고 한다.

나에게 배운 많은 제자들이 각양각처에서 각자 맡은 영역의 발전을 주도하고 있음을 볼 때마다 나보다 더 훌륭하게 성공하고 성장하여 스승의 그림자가 아니라 앞을 밝히는 모습들이 참으로 자랑스럽고 보람을 느끼게 해주어 감사할 뿐이다. 이런 모습을 제자들이 스승보다 진한 쪽물이 되어 사회 각 분야에서 훌륭하게 성장한 백년대계의 모델이라 할 수 있는 교육의 본질이 아닌가 하는 확신을 갖게 되고, 한평생 보람 있는 일에 헌신 하였다는 안도를 하게 된다.

시인은 아름다운 시를 써서 만인의 심금을 울리고, 학자는 위대한 사상을 펴서 사람들의 사상에 영향을 미친다. 예술가의 한 폭의 그림이나 조각이 만인의 혼(魂)을 사로잡았다면, 이 또한 한 화가의 위대한 자기표현의 행위가 아닐 수 없다. 스승에게 풍기는 청향(淸香)은 만 리(萬里)에 이른다고 하였으니 제자들을 움직이는 좋은 힘이 된다면 이보다 더 큰 보람이 없고, 지금까지 내가 가르치는 많은 제자들이 나보다 더 진한 쪽물이 되어 크나 큰 영광을 누렸으면 참으로 기쁘겠다.

끝으로 지금까지 원고 모집과 자료 수집에 도움을 주신 여러 교수님, 그리고 항상 그림자처럼 나를 지켜준 윤형득군과 이성재 조교, 박철우, 강용주군, 박소현양, 정도현군 등 제자 여러분에게 감사를 드리며, 이 책의 출판에 이익을 논하지 않고 항상 좋은 책을 출판코자 노력하시는 광문각 박정태 사장님과 임직원 여러분께도 감사를 드립니다.

항상 어려운 여건에서도 편한 마음으로 모든 일에 집중할 수 있도록 격려하고 도와준 나의 평생의 반려자인 사랑하는 부인과 두 아들 윤호, 신이에게도, 그리고 시골에 계신 부모님과 가족들에게 깊은 사랑과 감사를 전하고 싶다.

2006년 10월
남해의 미항 여수 바닷가가 보이는 연구실에서
신 현 식

차례

1 등대와 나침반

2 물 흐르듯이

차례

3 Letter

4 여행에서 얻은 느낌

제 1 부

등대와 나침반

"내가 죽을 것이라는 생각 때문에 이제껏 해보지 못했던 그 어떤 것을 해보며 즐기는 것은 어떨까?

많이 베풀어라

약 2년 동안 국립여수대학교 산업대학원장으로 재직하면서 한 학기 동안 일주일에 수요일과 목요일 2회에 걸쳐 전국의 저명한 분들을 초청하여 산업대학원의 최고 경영관리자 과정의 강의를 하였다. 백여 명의 강사들 중에서 가장 원생들이 좋아하고 기억에 남는 몇 분의 강의 내용을 소개하고자 한다.

훌륭하신 강사님들의 주옥과 같은 강의를 원생들에게 들려주어 큰 감명을 주었다. 그 중에서도 황수관 박사의 강의는 원생들에게 인기가 많았다. 많은 내용 속에서 '많이 베풀라' 는 주제가 가장 기억에 남는다.

욕심은 건강을 크게 해치게 되나 베풀게 되면 건강이 크게 좋아진다. 그 이유는 베푸는 마음을 가지게 되면 뇌 속에서 건강에 도움이 되는 호르몬인 세로토닌 베타엔돌핀 노에피네피린 등 10가지 이상이 동시에 분비되어 온몸이 건강해 진다고 한다.

죽을병에 걸린 사람이 베풀고 베풀었더니 건강이 회복된 사람이 많다고 한다. 그 대표적인 인물이 록펠러

2006년 3월 9일 전남대학교 산학협력대학원 초청 특강 기념

다. 록펠러는 53세에 세계적인 큰 부자가 되었는데, 몸은 다 망가져서 죽게 되었다. 그때 깨달았다. 내 몸에 돈독이 올라서 이렇구나!

강철왕 카네기, 자동차 왕 포드와 함께 석유사업으로 큰 부를 축적하여 19세기 후반 미국 자본주의 대명사로 불리던 록펠러, 그는 가난을 이기고 세계 제일의 부자가 된 사람이었다. 젊은 시절에는 하루에 단돈 4센트의 노임을 받으면서 하루 종일 뙤약볕 아래서 땀 흘리며 감자를 캐기도 하였지만, 자수성가하여 세계 제일의 갑부가 되었다.

그렇지만 그는 그가 쌓아올린 부와는 관계없이 그의 나이 55세 때 혈액병과 위궤양으로 거의 사경을 헤매고 있었다. 의사는 그가 얼마 살지 못할 것이라고 진단했다. 그는 거의 대부분의 시간을 침대에서 보내야했으며, 5년 동안 단 한 시간도 편하게 단잠을 잘 수가 없었다고 한다.

그는 배가 고팠지만 위궤양 때문에 과자와 우유만으로 연명해야 했다. 그의 부실한 건강 앞에 그가 쌓아 올린 엄청난 재산은 아무런 의미도 없었다. 그렇듯 그는 세기의 갑부였지만 서서히 죽어가는 불쌍한 신세였다. 그렇게 좌절과 절망 속에 살아가던 어느 날 그는 곰곰

이 생각에 잠겼다.

"내가 죽을 것이라는 생각 때문에 이제껏 해보지 못했던 그 어떤 것을 해보며 즐기는 것은 어떨까?

그래서 그가 새로 시작한 일이 남에게 뭔가를 베풀고, 주는 것이었다. 그것도 신나게. 그런데 기적이 일어났다. 병마로 다 죽어가던 그가 건강을 회복하고 그로부터 35년 이상을 더 살았던 것이다.

그를 기적적으로 회생시킨 것은 의사도, 명약도 아니었다. 바로 남에게 아낌없이 베푸는 것이 바로 그의 병을 낫게 해준 명약이었던 것이다. 깨달은 후에 베풀고 베풀었는데 그 후에 건강이 회복되어 98세까지 장수했다고 한다.

어릴 때 가난하게 자란 자는 돈돈하다가 나중에 돈독이 올라서 죽게 되고, 부자로 태어난 자는 돈의 가치를 몰라 나중에 돈이 없어서 굶어서 죽는다고 한다. 소욕다시(少慾多施)하라. 욕심을 버리고 많이 베풀어라. 그러면 새로운 운명이 시작될 것이다.

2006. 3. 9.
전남대학교 산학협력대학원 경영관리자 과정,
황수관 박사 강의 내용 중에서

팔자를 고치는 방법

〈포스코신문〉에 '팔자를 고치는 방법'의 칼럼을 보고 느낀 바가 많았다. 신문사에 전화를 하여 글을 쓴 조용헌 박사의 연락처를 알아서 김영애 소장(소연 교육연구소)께 부탁하여 어렵게 본 대학원에 모시고 강의를 들을 수 있게 되었다.

조용헌 박사는 우리나라에 존재하고 있는 500년 동안의 명문가 집안을 오랫동안 찾아다니며 연구한 동양학자인데, 그 강의 내용을 소개한다.

'연월일시 기유정(年月日時 旣有定)인데 부생(浮生)이 공자망(空自忙)이라' 는 말이 있다. '사주팔자 이미 정해져 있는데 뜬구름 같은 인생들이 공연히 스스로 바쁘다' 는 선인들의 한탄이다.

30대에 이런 말을 들으면 의지가 박약한 인간들이나 내뱉는 푸념으로 여겼지만, 40대 중반이 되면서부터는 귀에 들어오기 시작한다. 인생을 살아갈수록 자기 뜻과 의지대로 세상일이 풀리지 않는 경우를 많이 경험하기 때문이다. 그러면서 자기 팔자를 의식하게 된다.

팔자 고치는 방법을 간추리면 대강 6가지다.

첫째는 적선(積善), 둘째는 훌륭한 스승을 만나는 일이다. 인생의 결정적인 기로에 있을 때 조언을 해 줄 스승이 있으면 팔자가 바뀐다.

셋째는 명상이다. 적어도 하루에 100분 정도 시간을 내서 기도하거나, 명상을 하거나 요가를 하면 바뀔 수 있다. 문제는 매일 100분 정도의 시간을 할애할 수 있느냐 하는 부분이다. 그러려면 생활이 정돈되어 있어야 한다.

넷째는 풍수를 공부해서 명당을 잡는 일이다. 음택(陰宅)이나 양택(陽宅) 중에서 한 군데라도 명당을 잡으면 좋다. 하지만 이제 전 국토가 개발되고 땅덩어리가 좁아서 이 방법은 많이 사용할 수 없게 되었다.

다섯째는 독서다. 운이 좋지 않을 때는 밖에 나가지 말아야 한다. 나갔다 하면 악연을 만나는 수가 많다. 밖에 나가지 않고 혼자 있으려면 독서를 해야 한다. 교도소에서 장기수 생활을 하면서 폐인이 되지 않고 버티는 방법도 역시 독서다. 20년 감옥 생활을 하면서 《감옥으로부터의 사색》을 쓴 신영복씨가 대표적이다.

여섯째는 명리학을 공부하여 자기의 운명을 대강 짐작하는 일이다. 재물 복이 있는 팔자인가, 없는 팔자인가를 짐작해서 재물 복이 없으면 크게 돈 욕심을 내지 말고 살아야 한다. 팔자에 재물이 없는 사람이 다른 사람 돈 버는 것을 보고 나도 벌어야지 하고 욕심을 내서 밀어붙이면 결론은 두 가지다. 감옥에 가거나 아니면 암에 걸린다.

팔자 고치는 6가지 방법 중에서 가장 효과적이고 확실한 것은 적선이다.

진선과 가선을 구분하는 기준은 무엇인가. 남에게 이로운 것은 선이고, 자신에게 이로운 것은 악이다. 남에게 이로우면 남을 때리고, 남을 욕하는 것도 모두 선이 될 수 있다. 자기에게 이로우면 남을 공경하고 예의를 갖추는 것도 모두 악이라는 이야기이다.

이러한 까닭에 사람이 선을 행할 때 남을 이롭게 하는 것이 모두 공(公)이고, 공(公)이면 진짜 선이다. 자기를 위하는 것은 사(私)고, 사(私)면 가짜 선이다. 또 마음에다 뿌리를 두는 것이 진짜고, 겉으로 형식과 모양만 내는 것은 가짜다. 무위(無爲)로 자연스럽게 행하는 것이 진짜고, 유위(有爲)로 억지스럽게 하는 것은 가짜다.

물론 적선도 대단히 중요하지만 학창 시절에 훌륭한 스승을 만나면 공부를 열심히 하게 되고, 공부를 열심히 하면 좋은 직장에 취업되어 훌륭한 배필을 만나 평생을 안정된 직장에서 잘 살아가는 제자들을 지켜볼 때 나는 무엇보다도 스승을 잘 만나는 것이 팔자를 고치는 여러 가지 방법 중에 가장 좋은 방법이라 생각된다.

나는 1971년 12월 강원도 동해안에 작은 도시에 있는 주문진 수산고등학교 통신과 교사로 부임하였다.

가난하고 낙후된 도시에 자리한 학교는 가난에 힘겨운 삶 가운데 어렵게 학업을 이어갈 뿐 진지한 열의는 보이지 않았다. 시골 학교에서 공부를 마치고 취업을 한다는 것은 대단히 어려운 환경이었다.

그래서 나는 그때 담임했던 학생들이 3학년에 진급하자마자 무조건 도시락을 2개씩 싸오도록 하고, 밤 11시까지 학생들과 함께 도시락을 같이 먹으며 야간 자율학습을 독자적으로 강행하였다. 아마도 이것이 지금 전국에서 하고 있는 야간학습의 시초가 아닌가 생각된다.

처음으로 3년 동안 담임했던 주문진 수산고등학교 통신과 졸업생과 함께

물론 학생들의 반발도 심했다. 웬 젊은 신임 교사가 느닷없이 밤늦도록 학생들에게 공부를 시킨다고 했으니 말이다. 개교 이래로 처음 하는 일이라 학생들의 반응은 대체로 '며칠 하다가 말겠지' 라는 비아냥이 많았지만 좌고우면하지 않고 밀고 나갔다.

우선 항상 학생들보다 먼저 등교하여 학생 하나하나에게 관심을 가지고 정성껏 대하니 학생들은 점차 호의적인 반응을 보이기 시작했다. 학생들의 성적이 점점 오르기 시작하자 일대일 면담을 통하여 학습 성과에 따라 개인별 파일을 작성하여 보여주며 학생 스스로 자신의 상태를 파악하고 부족한 부분을 보충하도록 지도해 나가기 시작했다.

열심히 공부한 학생들이 자신들의 학업 성취에 자긍심을 갖게 되자 드디어 잠재되었던 능력들이 솟구치기 시작하였다.

그것은 많은 학생들이 통신 관련 자격증 시험에 54명 중 30여 명이 대거 합격하였고 자격증 2개씩 중복 취득한 학생도 18명이나 되었다.

또한 '나도 할 수 있다' 라는 자신감과 함께 어엿이 공인된 검증 절차에 의해 실력을 인정받았다는 사실 자체에 학생들의 사기는 크게 고무되었던 것이다.

학생들에게 학업에 대한 동기 부여와 세밀한 관심만 주어지면 얼마나 큰 능력을 발휘할 수 있는지 그때 실제적으로 나는 체험했다. 그 이후 학생들의 도전은 계속되고 그 지평을 계속 확대해 나갔다. 학생들이 정보통신부의 그 당시 5급 공무원을(지금은 공무원 9급)에 54명 중 33명이 합격하여 모두가 놀랐다. 주문진읍의 소도시에 있는 고등학교 한반에서 무려 33명이 공무원 진출을 하게 되었으니 교장선생임, 여러 선생님과 학생들 모두가 놀라고 화젯거리가 되었다.

그리고 학부모들의 반응은 대단했다. 어떤 부모님들은 "내 자식이 번듯한 직장에 취직이 되어 월급봉투를 받아보는 게 평생소원이었는데 우리 선생님께서 소원을 풀어주셨다."고 눈시울을 붉히셨다. 그 말씀을 듣는 순간 정말 그동안의 노력에 대한 대가를 보상 받는 것 같아 기쁘고 교직에 발을 들인 게 너무 감사하고 자랑스럽게 생각되었다.

열심히 노력하면 안 되는 것이 없다고 그때 나는 느꼈다. 주문진 수산고등학교 통신과라는 해변에 자리하고 있는 소도시의 학교였지만, 그때의 제자들은 지금 확실히 자리를 잡고 잘 살아가고 있다. 전국의 통신 관련 부서인 정통부, 우체국, 고등학교, 이동통신회사, 기업체, KT 등에 200여 명이 근무하고 있으며, 지금도 그 때의 야간학습이 화젯거리가 되고 있다.

그래서 나는 강의 시간에 가끔 열심히 공부하여 성공한 제자들의 이야기를 해주고 있다. 우리는 학창 시절에 훌륭한 스승을 만나 열심히 공부하면 팔자를 고치는데 가장 좋은 방법이라 생각한다.

2005. 11. 23.
전남대학교 산학협력대학원 경영관리자 과정,
강의 내용 중에서

철가방에서 21세기형 지식인으로

나는 산업대학원의 최고 경영자 과정을 운영하면서 외부의 유명한 강사진을 100여 명 초청하여 원생들과 직접 강의를 듣고 체험하였다. 100여 명의 강사들 중에서 가장 성공의 실례를 많이 든 분이 고대 앞 자장면 배달을 한 철가방 김대중씨였다.

처음 강사 수배를 부탁하였을 때 컨설팅의 김영애 소장이 '김대중씨의 학력이 중학교 중퇴인데 문제가 없겠느냐' 고 걱정을 하였다. 그러나 위험을 무릅쓰고 초청하기로 하였다. 그날따라 일반 사회인들이 많이 참석하여 나는 조바심을 내며 강의를 들었다. 강의가 끝난 후 반응은 대단히 좋았다. 강의 내용의 요점은 다음과 같다.

✽ 진실한 자세가 감동을 이끈다.
잘못하거나 실수했을 때에는 변명하지 말고 모든 것을 받아들여라. 일은 이미 벌어진 것이고, 어떻게 수습하느냐 만이 문제이다. 이런 경우에는 진심만이 통한다는 것을 알고 있어야 한다.

✽ 고객이 원하는 것을 제공하라.

✽ 생각하고 판촉 한다. 의식 속에 파고든다.

✽ 사물을 삐딱하게 보면 묘안이 생긴다.

✽ 손님을 즐겁게 한다.
나는 항상 먹는 즐거움, 보는 즐거움을 함께 추구해 왔다. 선글라스, 머리띠, 군복 바지의 번개 패션과 번개 학번, 그리고 번개 주제가 등은 손님의 즐거움을 위한 소도구였다.

✻ 철저한 프로 정신

프로는 관중이 있어야 신난다. 가벼운 웃음까지도, 번개가 손님에게 줄 수 있는 서비스라고 생각한다.

✻ 배달통에 든 것은 자장면이 아니라 서비스이다.

최선을 다해 손님을 섬겨라. 그리고 그들이 말하기 전에 해결하라. 최소한의 투자로 최대한의 효과를 얻는 가장 훌륭한 방법은 손님을 감동시키는 것이다.

감동시키지 못하는 서비스는 진정한 서비스가 아니다. 생각하라. 머릿속에 아무것도 없는 사람은 아무 것도 하지 못한다. 그리고 정말 중요한 것은 서비스맨 스스로 목표를 정하고 실천하는 진취적인 기상이다.

✻ 결국 나의 경쟁 상대는 고객이었다.

서비스는 제공하는 것이 아니라, 손님이 받아서 서비스라고 느낄 때 진정한 서비스가 된다.

✻ 거북이 보다는 오뚝이로 산다.

돌팔매질을 당하면 그 돌들로 성을 쌓으라는 말이

있다. 한번 넘어지면 누군가가 뒤집어 주지 않으면 안 되는 거북이 보다 넘어져도 우뚝 서고야 마는 오뚝이로 산다.

✲ 프라이가 아닌 병아리로 살자

스스로 껍질을 깨고 나오면 생명(병아리)으로 부활하지만, 남이 깰 때까지 기다리면 계란 프라이밖에 안 된다. 더군다나 뱀은 그 허물을 벗지 않으면 죽는다고 하지 않는가? 남이 나를 깨뜨릴 때까지 기다린다는 것은 비참한 일이다.

우리는 이 어려운 시대에 김대중씨처럼 불굴의 의지로 살아간다면 안 될 일이 하나도 없으리라 나는 확신하며, 새로운 인생이 시작된다.

2006. 3. 28. 경영관리자 과정 강의 내용 중에서

리더의 조건

최고 경영관리자의 강사를 초청하면서 가장 어려운 문제는 원생들의 반응이다. 강의를 듣고 좋은 강사를 모셔서 좋은 강의를 들었다면서 감사하다는 인사를 받을 때 가장 기쁘다. 그런데 이미 학기 초에 발표된 강사 명단이 원생들의 출석률에 영향을 미친다. 그래서 강사를 초청한다는 것이 대단히 미묘함을 느낄 수가 있었다.

이계열 교수의 리더십에 대한 강의는 원생들의 반응이 아주 좋았다.

리더의 개념

모름지기 지도자란 조직을 위한 강력한 열정과 책임감, 그리고 목표를 세우는 힘이 있어야 하며 폭넓은 교양과 끊임없는 호기심, 부하나 조직에 대한 신뢰, 위험을 두려워하지 않는 적극성, 눈앞의 이익보다도 장기적 성장을 꾀하는 자세와 고결한 품성과 같은 자질이 있어야 한다.

- 지도자란 천부의 재능을 갖추고 있는 사람이 연습과 학습, 그리고 경험 등을 쌓음으로써 그 재능을 원숙한 기술로 발전시킬 때 태어나는 것이다.

지도자

- 현재 상태를 변화시킬 수 있는 기회를 모색하고 과정에 도전하는 사람, vision을 공유하도록 조장하며 사람들이 활동하게 이끌어 주는 사람
- 협동심을 조장하고 teamwork을 키우며, 사람들을 끌어들이는 흡인력이 있으며, 상호 신뢰하고 인격을 존중하는 분위기를 만드는 사람으로 조직

생활을 통하여 사람들을 강하게 만들어 자신의 능력을 믿도록 도와준다.

리더의 기본 자질

- 관대하면서도 엄격함이 있어야 하고 분명해야 한다.
- 부드러우면서도 매듭짓는 게 분명해야 한다.
- 꾸밈이 없으면서도 거칠거나 무뚝뚝하지 않고 겸손해야 한다.
- 일을 처리하는 능력이 있으면서도 조심스러워야 한다.
- 외유내강의 덕을 지녀야 한다.
- 정직하고 솔직하면서도 남의 결점을 들춰내지 않고 냉혹하지 않아야 한다.
- 대범하면서도 요점을 잘 파악해야 한다.
- 무슨 일에나 적극적으로 대처하면서도 속이 알차야 한다.
- 용기와 신념을 가지고 행동하면서도 혈기에 넘쳐 만용을 부리지 않아야 한다.

성공(成功)한 리더의 5가지 행동 덕목

- 모든 일에 솔선수범하여 과정에 도전하고
- 구성원들에게 vision을 심어주며
- 다음 단계를 위하여 동료들의 행동을 유도하고
- 목표 달성을 위하여 방법을 모델화 하며
- 구성원들의 용기를 북돋워 줌으로써 다른 사람들을 격려할 수 있어야 한다.

바람직한 리더의 조건

- 공과 사를 구분하라.
- 마음의 벽을 허물어라.
- 때로는 멈춰 서서 상대를 관조하라.
- 성공한 방침도 필요하면 바꾸라.
- 내일의 승리를 바라보라.
- 물러날 때를 알라.

리더의 유형

- 똑똑, 게으른형→똑게 : 자기 위치에서 업무 파악

은 정확하지만 게을러서 주요 업무를 부하에게 떠맡긴다. 부하 입장에서 일은 많지만 성장 가능성이 크다. 가장 인기가 있다.

- 똑부 : 업무 파악이 정확하고 일도 열심히 한다. 업무 간섭이 심하고 부하에게 결정을 내릴 여지를 주지 않는다. 인기가 없다.
- 멍부 : 부하들이 가장 괴로워하는 유형이다. 업무에 대해 잘 알지 못하면서 불필요한 일을 벌인다. 쓸모없는 일만하며 시달린다.
- 멍게 : 업무도 모르고 일도 안 벌인다. 시키는 일만 하면 된다. 무사안일 멍게가 되기 쉽다.

리더의 역할과 기능

- 솔선수범형 →인재(人財): 자신의 일에 대해 스스로 vision과 목표를 설정하고 달성하기 위한 전략을 생각하며 주위 사람을 지도하기도 하고 동기를 부여하면서 목표 달성을 향해 나가는 사람. 조직 내에 3~5% 정도
- 난연형(難然型) →인재(人在): 지시를 받으면 하는 사람. 상사의 지시를 정확하게 이해하고 실행에

옮길 수 있다. 모든 면에서 문제가 없지만 딱 한 가지 문제는 '지시 받지 않으면 하지 않는 형' 조직 내에 90% 정도

- 방해형 →인죄(人罪): 생각, 언사가 늘 부정적이고 소극적, 회의적, 보수적이어서 조직의 발전을 가로 막는다. 평균적으로 조직 내에 5% 정도

2002년 6월 4강 신화의 중심에는 거스 히딩크라는 리더가 있었다. 그는 한국 축구를 새로이 개혁하기 위해서 공정한 기준으로 정직하게 대표 선수들을 선발했다.

훌륭한 인재를 찾기 위해 전국의 경기장을 직접 찾아 나섰다. 대표팀 에트리를 뽑기 위해 많은 선수들을 직접 테스트했다. 학연, 지연 그리고 외적인 요소에 영향력을 받지 않고 철저한 실력 위주로 선수들을 선발하였다. 선수 선발 후 훈련에서도 직접 선수들과 운동장에서 같이 뛰면서 호흡을 같이했다. 솔선수범을 보인 것이다. 마치 자식처럼 모든 것을 아낌없이 선수들을 대하였고 선수들은 경기도중 골을 넣으면 달려가 히딩크의 큰 가슴에 안겼다. 바로 이것이 리더의 역할이다.

그래서 우리나라가 월드컵 4강 신화를 이룩한 것이다. 한사람의 리더가 가정에서 조직에서 국가에서 얼

마나 중요한지를 생각하게 하는 일이다. 리더를 잘 만나면 새로운 인생이 시작된다.

2006. 5. 4. 경영관리자 과정 강의 내용 중에서

인물포커스 *'최다 신입생 지원' 여수대 산업대학원 신현식 원장*

"최고 명문으로 성장 최선 다할 터"

신현식 원장

【여수】 한 지방대 산업대학원 원장으로 부임한지 일 년 만에 전국 최고의 산업대학원 입학생을 모집하는 등 산.학 연계로 지역 및 학교 발전에 남다른 성의와 노력을 아끼지 않은 노교수의 열정에 학교와 지역사회가 아낌없는 박수를 보내고 있다.

화제의 주인공은 열악한 지역 환경을 극복하고 전국 최고의 입학생을 모집, 명실상부한 국립대 산업대학원으로 탈바꿈시킨 여수대 산업대학원 원장 신현식교수.

신원장은 "지난 96년 본인이 교무처장으로 부임해 산업대학원 과정을 처음으로 설치했던 초창기에는 많은 학생들이 입학했으나 갈수록 줄어 겨우 그 명맥만을 유지해 온 실정을 안타까운 심정으로 바라만보고 있을 수밖에 없었다."며 97년 교무처장의 임기를 마치고 평교수로서 산업대학원을 지켜본 그간의 고심을 토로했다.

하지만 지난해 산업대학원 원장으로 취임한 신원장은 신입생 유치를 위해 직원들과 함께 밤낮을 가리지 않고 여수시청과 각급 기관, 단체 및 여천 산단, 각종 협의체 등을 방문해 산업대학원 최고경영자 과정의 필요성과 훌륭한 강사진을 소개하는 적극적인 홍보와 함께 전국에서 가장 저렴한 등록비 등 신입생 유치에 심혈을 기울였다.

이 같은 결과 "여수시 각급 기관장과 인근 산업단지 내 많은 업체의 임원진과 직원, 직장인, 자영업자, 주부는 물론 일반시민들의 적극적인 참여와 지원으로 올해 전국 최고의 입학생을 모집하는데 성공했다"며 "이는 내 일생에 가장 보람찬 일로 그간 고생을 같이한 직원, 동료교수 및 끊임없는 관심과 격려를 보내준 지역사회 모든 구성원의 덕택이다"고 모든 사람에게 감사했다.

신원장은 대학 내 보직에 부임하는 곳마다 최고라는 수식어가 항상 따라 다닌다. 그가 '최고'라는 별명을 얻게 된 것은 경영자적 판단력과 학자적 성실성을 바탕으로 맡은 바 업무를 위해 혼신의 노력을 아끼지 않았기 때문.

이런 그의 열정은 지난 95년 교무처장으로 부임, 당시 급변하는 시대를 선도할 수 있도록 교육과정을 과감히 개편하고 선진 열린 대학의 기치아래 영어와 컴퓨터 과목을 기초필수 이수과목으로 정하는 한편 원어민교수 3명을 특채하는 등 글로벌 시대에 부합한 학생들의 영어실력 향상에 큰 기여를 한 것으로부터 여실히 드러났다.

또한 컴퓨터 교육현실화를 위해 교내 어디서도 마음대로 컴퓨터를 사용할 수 있도록 각 건물의 층마다 최첨단기종의 컴퓨터 실습실을 설치, 학생들에게 보급했다.

특히 대학의 질과 양적 발전을 위해 명망과 경륜을 고루 갖춘 국무위원을 역임한 총장을 영입, 학교와 지역사회 발전을 도모코자 수시로 서울을 오간 보람으로 국립대학 최초로 행정자치부 장관을 지낸 능력 있는 외부 인사를 총장에 영입시키는데 주무처장으로서 그 역할을 다했다는 평가를 받고 있다.

끝으로 신원장은 "물심양면으로 도와주신 분들과 지역사회에 감사드리며 맡은바 일에 최선을 다하는 '진인사대천명(盡人事待天命)'의 좌우명대로 산업대학원과 학회 및 학교 발전에 최선을 다하겠다"고 다짐했다.

김석철 기자

선생님의 인성교육은 위대하다

본 대학의 최고경영자 과정에는 훌륭한 분들이 많이 입학하여 바쁜 사회생활 중에도 열심히 수강을 해주었다. 여러분 중에서 여수고등학교 윤문칠 교장선생님께서는 학교 일로 대단히 바쁘시지만, 항상 열심히 학교에 나오셨다. 또한 평소 학교에 재직하시면서 인성교육을 강조하시면서 제자 양성에 열과 성의를 다하신 분이다.

얼마 전 한국인 어머니를 둔 하인스 워드가 북미프로미식축구리그(NFL)의 슈퍼볼 최우수선수(MVP)가 되면서 세계적으로 화제가 되었다. 많은 미주 한인 중에 자식들이 미국 일류 대학을 나와 미국 사회에서 성공한 예는 그리 많지 않다. 그런데 워드가 돋보이는 이유는 무엇이라고 생각되는가?

그것은 본인의 성공 요인을 어머니에게 돌렸다는 데 있다. 부끄럽고 숨기고 싶어하는 어머니의 이력이 아닌가.

그렇지만 워드 어머니의 몇 가지 특징적인 인성교육이 현재의 워드를 만들었다. 인성교육이 얼마나 중요한지를 말해 주고 있는 사실이 아닌가 생각된다.

어려서부터 한국말을 가르쳤다. 한국음식을 많이 먹였다. 어머니는 먹고 살기 위해 한국에서처럼 죽도록 일만 했다. 가난 속에서도 아들을 강하게 키웠다. 남에게 겸손하도록 가르쳤다. 남들에게 대접받기보다 대접하라고 가르쳤다. 특히 어머니가 많이 울었다.

이러한 것은 한국에서 과거, 우리 어머니들의 전통적인 자식 교육법이었다. 하지만 현재는 어머니의 교육 방식보다 서양식 교육에 밀려 잊혀져 가고 있다.

낯선 미국에 온 워드의 어머니 김영희 씨는 외국어를 못했다. 한국의 음식이 좋았다. 그러니 미국 생활도 한국적이었고, 아들도 한국식으로 키울 수밖에 없었는지 모른다. 이것이 전화위복이 되었다. 겸손과 남을 대접하는 것 등, 한국 어머니들의 인성교육의 핵심이 고스란히 아들에게 전달됐다.

물론 워드도 한때 어머니에게 반항했다고 한다. 외국어도 못하고 한국식을 강조하는 것 때문에 반항이 시작되었다.

그런 워드가 어떻게 효자가 될 수 있었을까? 한 방송 인터뷰에서 그는 "어머니의 슬픈 눈물 때문이었다"고 고백했다. 초등학교 때 학교를 찾아온 어머니가 창피해 아이들 몰래 교실을 빠져나와 어머니의 차에 탔는데, 어머니가 흐느껴 울고 있었다는 것이다. 그는 이때부터 자신의 잘못을 후회하고 어머니를 기쁘게 해드리기 위해 열심히 공부했다고 한다.

어머니의 눈물이 아들의 마음을 움직이고 성공할 수 있는 기폭제가 되었다. 그런데 요즘 어머니들은 자식을 위해 울지는 않고 모든 것을 외부로 의존하는데 큰 문제가 있다.

우리는 가정에서 어머니와 학교에서의 선생님이 평소 인성교육이 얼마나 중요한가를 역력히 워드를 통하여 느낄 수 있지 않은가?

물론 공부를 잘하는 것도 중요하지만, 윤 교장선생

님처럼 인성교육을 중점으로 학생들에게 교육시키는 것도 대단히 중요한 교육 방법이라고 생각된다.

그래서 금년에 교장선생님을 초청하여 어렵게 인성교육에 대한 특강을 부탁드렸다.

우리들은 자식들을 낳아 어떻게 하면 다른 자식보다 월등하게 잘 가르쳐 보겠다는 그런 충동적인 마음을 가지고 있는 것이 인간이란 존재이다. 우리 국민의 교육열은 세계적으로 최고이다. 그러나 자기 자식이 최고가 되기 위해서는 모든 것을 학교에만 의지하지 말고 부모님의 많은 도움이 필요하다.

우리의 자리는 존경과 신뢰를 받는 귀중한 자리이면서 학생들의 앞날을 좌우하며, 국가의 흥망성쇠를 책임지는 막중한 자리이기도 하다. 부디 만인으로부터 존경과 사랑을 받으시고, 보람을 얻으시고, 교육의 효율성을 고양하시는 매력 있는 선생님과 학부모님이 되기 위해서는 역할 수행에 늘 유념해 주셨으면 하는 천일귀대의사용(天一貴大義使勇)의 7가지 덕목을 말씀드리고자 합니다.

첫째, 천명 의식(天命意識)을 가져야 합니다.

현재 내가 하고 있는 이 일은 매우 성스러운 일로 하늘이 내게 맡겨준 아주 소중한 일이며, 내 삶에 있어서 최대의 보람찬 일이요, 희열을 만끽할 수 있는 멋있는 일이라는 것을 인식해야 합니다. 학생들의 꿈과 이상, 보람 등을 꽃 피우게 하는 정원사의 임무라는 것을 명심하여야 합니다.

둘째, 일명 의식(一命意識)을 가져야 합니다.

주어진 임무는 오직 내가 필연적으로 해야하는 유일하게 맡은 바 명이요, 천상천하에서 나만이 할 수 있다는 자부심을 가져야 합니다. 나의 존재 가치, 내가 숨쉬는 이유는 내가 이 일을 하기 위함이라는 자각이 필요합니다.

셋째, 귀명 의식(貴命意識)을 가져야 합니다.

나의 존재, 나의 업무는 아주 귀중한 가치가 있고 국가와 민족, 그리고 하늘의 기대에 부응해야 하는 중차대한 일이요, 맹자의 말천하의 영재를 얻어서 교육하는 즐거움은 군자가 누릴 수 있는 즐거움이며, 동시에 매우 존귀하고 보배로운 역할임을 바르게 인식해야 합니다.

넷째, 대명 의식(大命意識)이 있어야 합니다.

국가와 민족의 장래를 짊어지고 나갈 인재를 양성하는 일을 담당하고 있는 큰일에 대한 큰 자부심과 긍지가 있어야 합니다. 위대한 일에 대한 도전, 그리고 교장으로서의 본분을 충실히, 그리고 끈질기게 지켜나가는 것이 곧 교육을 바로 세우는 큰일임을 인식해야 합니다.

다섯째, 의명 의식(依命意識)을 가져야 합니다.

우리가 하고 있는 이 일은 의로운 삶을 추구하며, 인간의 존엄성과 이상을 실현하는 떳떳하고 의로운 일입니다. 나로 하여금 의롭게 살라고 하늘이 부여해 준 일로 의(義)의 면류관을 쓰고 천당에 들어갈 업적을 쌓는 일입니다. 교육만큼 당당하고 의로운 일이 어디 또 있겠습니까?

여섯째, 사명 의식(使命意識)을 가져야 합니다.

우리가 2세를 교육하는 일은 민족의 심부름, 국가의 심부름을 수행하는 일이고 나, 우리, 우리 학교의 명예를 지키고 영광을 드높이는 일로 열정, 창의, 신념이 요구되는 아주 중요한 일입니다.

학교 교육은 우수한 교육자들이 새로운 지식과 정보

우리나라에서 가장 아름다운 여수의 오동도

를 제공함은 물론 다양한 교육 방법을 적용함으로써, 미래의 주역들에게 무한한 잠재적인 능력을 발휘하고 자아를 실현할 수 있도록 최선을 다해서 도와주고 이끌어 가야 하는 책무성을 지고 있는 것이다.

일곱째, 용명 의식(勇命意識)을 가져야 합니다.

학교장은 직무 수행과 단위 학교 경영에 대한 무한한 책임과 창의력, 상상력을 바탕으로 교육의 질 관리와 경쟁력을 높이기 위해 용기와 기백을 갖고 소프트웨어 중심의 획기적인 변화를 모색해야 합니다. 공교육에 대한 수요자의 요구와 기대를 담아, 치밀한 계획과 고품질의 학교 교육 실현을 위하여 학교장의 소신과 경영 철학을 실천하는 데 혼신의 노력을 기울여야 합니다. 용기를 가지고 밀고 나가야 합니다.

교육에는 왕도가 없다.

교육은 국가 백년지대계의 하나다.

따라서 청소년들에 대한 교육은 국가와 민족의 미래를 좌우한다는 점에서 어느 분야보다 최우선적으로 다루어야 할 국가적 과제이다.

다행히 우리나라 학부모의 교육열은 세계에서 첫 손가락에 꼽힐 정도라는 평가를 받고 있고, 정부에서도 교육 분야에 많은 투자와 심혈을 기울이고 있다.

심각한 문제는 청소년 교육은 학교는 물론이거니와 가정에서 조차 가장 기본인 인성교육은 소홀히 한 채, 입시 위주의 주입식 교육에만 주력하는 실정이어서 크고 작은 문제점을 잉태시키고 있다는 지적을 받아왔다.

지금 우리가 이 정보화 시대, 세계화 시대에 살아남기 위해서는 새로운 지식과 기술을 습득, 창의성을 개발해야 한다고 말들을 하고 있다.

교장선생님께서는 마지막으로 페스탈로치의 격언을 인용하여,

1년을 바라보려면 꽃을 심으며,
10년을 바라보려면 나무를 심고,
100년을 바라보려면 사람을 교육시켜라.

라는 말씀으로 특강을 마무리 하셨다.

정직한 교육만이 인생을 변화시킨다.

봉이 김선달 같은 전파

어린시절 모처럼 기차나 버스를 타고 시골길을 지나다 보면 길옆에는 초가집들이 대부분이었다. 멀리 산자락 밑에 옹기종기 모여 있는 초가집들을 보면 한 폭의 그림을 보는 것과 같았다. 초가지붕 위로 뻗어 올라간 박 넝쿨이며, 나팔꽃 넝쿨이 그늘을 만들어주면 그 밑에 침상을 놓고 정답게 가족이나 이웃과 이야기꽃을 피우는 정경은 나의 고향 고흥의 농촌 풍경이었다.

또 저녁 무렵 해가 서산에 기울고 이집 저집의 굴뚝에서 모락모락 연기 올라가는 모습을 보면 길 떠난 우리는 왠지 마음이 서글퍼지기도 하고, 불현듯 두고 온 집이며 부모형제 생각이 떠오르게 만드는 이러한 모습이 우리나라의 60년대까지의 전형적인 농촌 모습이었다.

지식이 부의 척도

그러나 오늘날 우리는 '지식 정보화 사회' 라고 일컬어지는 21세기 미래 사회에 진입해 있다. 과거에는 땅이나 금광, 석유, 공장 등과 같이 하드웨어적인 것이 부의 척도였지만, 지금은 눈에 보이지 않는 지식이 부의 척도로 지칭되기에 이르고 있다. 대표적인 예로 마이크로소프트의 빌 게이츠가 있지만, 정말 그에게는 땅이나 금광, 석유나 이렇다할 공장은 없지만 그럼에도 불구하고 소프트웨어라고 하는 두뇌 지식만으로 세계 최고의 갑부가 되었으며, 이는 수천 년의 인류 역사상 처음 있는 일임에 누구나가 놀라고 있다.

우리는 과거와는 달리 눈에 보이지 않는 지식이나 무형의 자산을 찾고 이용하기에 이르렀다. IT분야에서의 이러한 사례는 더 극명하게 드러난다. 대표적 무형의 자산이 바로 눈에 보이지 않는 '전파' 를 들을 수 있겠다.

꿈의 통신시대를 열고자 최근 시행한 IMT-2000 사업자 선정 시 '전파', 즉 주파수 할당으로 정부가 1조 3000억 원을 2개 통신 사업자로부터 일시 출연금으로 받았다. 눈에 보이지 않는 '전파'를 할당해주는 대가로 통신 사업자가 막대한 비용을 정부에 출연한 것이다. IMT-2000 사업과 관련해서는 독일에서도 수십 조 원에 이르는 출연금이 책정된 바 있다.

눈에 보이지도 않고 손에 잡히지도 않는 '전파' 야말로 공기와 더불어 대표적인 무형의 자산인 것이다. 옛날로 되돌아간다면, 대동강물을 팔았던 봉이 김선달마저 놀랄 사건이 아닐 수 없다. 그러나 지금은 우리 모두가 너무 당연한 것으로 생각하고 있다. 이는 우리의 인식이 시대 변천과 더불어 바뀌어 가고 있으며, 과거 물질 중심의 유형적 가치관에서 점차 무형의 가치를 좇아 인류 문명이 발전해 가고 있는 지도 모른다.

2005년을 맞이하여 최근 인터넷 가입자 수가 3000만 명을 돌파하고, 휴대폰 소지자가 3600만 명을 돌파했다. 이동통신의 눈부신 발전으로 전파 수요가 급증함에 따라 범세계적으로 전파 자원 분배의 투명성 및 공정성의 확보가 요구되고 있는 등 급변하는 전파 환경 변화의 추세에 능동적으로 대응하고 전파 자원의 효율적인 이용을 도모하기 위하여 전파 자원의 확보, 배분, 이용 및 진흥 중심으로 정보통신을 크게 변화하고 사회 발전을 주도해가고 있다.

이렇게 미개척 분야이고 누구도 거들떠보지도 않던 통신이 30여 년이 지난 후 이렇게 발달하여 전 세계를 지배하고 있고 인터넷으로 전 세계가 국경을 초월하여 많은 정보를 주고받을 수 있는 편리한 정보화 시대로 변화하였다.

정보통신의 불모지였던 우리나라가 이제 세계 속의 정보통신 강국으로 당당히 자리매김하게 되기까지 혼신의 노력을 바쳐온 전파인들을 떠올리지 않을 수 없다.

무에서 유를 일구어 온 우리 정보통신업계의 숨은 얼굴들이 오버랩되어 잠시나마 말로 표현하기 힘든 감회에 젖어들곤 한다.

정보통신은 국가의 핵심 산업

이제 정보통신 산업은 국가 경제를 선도하는 핵심 산업으로, 또한 국민소득 2만 달러 달성을 위한 주역으로서 각광을 받는 위치에 올라섰다. 뿐만 아니라 온 세계가 우리나라 IT시장의 변화를 주목하고 있는 상황이다. 이렇게 짧은 기간 동안 역사상 유례없는 발전을 이룩할 수 있었던 원동력은 바로 보이지 않는 곳에서 우리 정보통신인, 전파인들이 묵묵히 흘려온 땀방울이라 하지 않을 수 없다.

이제 우리나라의 IT산업은 그 발전에 어울리는 외형을 갖추게 되었다. 시스템과 인프라가 과거와는 비교할 수 없을 만큼 잘 갖추어져 있다. 하지만 산업 규모가 확대되고 여러 여건이 구비되어 있다고 해서 우리가 정보통신 강국으로 계속 고공비행하기 위한 모든 환경이 갖추어져 있다고 볼 수 있는가? 그에 대한 대답이 마냥 낙관적이지만은 않다. 세계 시장의 불가측 한 불확실성과 정보통신 기술 격차를 무서운 속도로 좁혀오고 있는 중국의 기세 등, 외부로부터의 도전이 항상 우리를 위협적으로 주시하고 있다. 하지만 주의해야 할 위험 사항은 우리 내부에 존재한다.

그동안 자체적인 우주항공 발사장을 갖추지 못했던 우리나라는 현재 궤도 운용 중인 무궁화호, 아리랑호, 우리별 등 우리의 위성을 외국의 델타2, 타이탄, 아리안, PSLV 등 외국의 발사체를 이용해야 했고, 외국의 발사장에서 비싼 외화를 지불하고 발사해 왔다. 우리나라 항공 우주 연구원에서 현재 건설 중인 우주센터는

내 고향 고흥군 봉래면 예내리 하반 마을 외나로도(동경 127.3도, 북위 34.26도)에 건설되며, 우주센터 완공 후에 우리나라는 세계에서 13번째로 자체적인 발사장을 보유하는 나라가 된다. 이에 우주센터는 우리의 기술로 만든 위성 및 발사체를 우리의 발사장에서 발사가 가능하도록 하는 중요한 기반 시설이 되며, 명실상부한 우주 개발 선진국의 대열로 가는 밑거름이 될 것이다.

그러므로 오늘날 정보통신이 비약적인 발전을 한 것처럼 내 고향 고흥도 마침 나로도 우주센터가 설립되어 한참 공사 중에 있으니 군민 전체의 노력으로 인하여 미국의 나사(NASA)처럼 세계적인 항공 우주 발사 기지로 발돋움할 수 있도록 노력해야 한다.

2005. 2. 7. 〈고흥 타임즈〉

남자들의 미덕

1998년 타이타닉 영화가 상영되어 전 세계적으로 많은 관객 동원을 하였다. 그 이유는 겸양을 미덕으로 삼았던 사람들이 언제부터인가 사납고 이기적이고 독선적인 모습으로 변하고 있는 데서 찾을 수 있을 것이다.

요즘 남녀노소를 가릴 것 없이 모두가 자기 중심적으로 본능적인 욕구만을 좇고 있다. 모든 것이 나만 알고, 나만 소유하고 있으면 되고, 다른 사람에게는 조그마한 배려도 없다.

나 이외에는 모든 것이 보이지 않는 세상이다. 그래

서 길가에 담배꽁초를 마구 버리고, 아무 곳에나 침 뱉기 일쑤이다. 교통질서를 위반하고 쓰레기를 남의 집 앞에 버리는가 하면 고액 과외를 하고서라도 좋은 대학에 들어가면 그것이 최선인양 생각한다. 또한 손님이 먹던 음식을 적당히 손질하여 다시 내놓는 식당은 또 어떠한가?

나쁘고 못 쓸 것은 남에게 떠넘기고 좋은 것은 덮어놓고 자기가 차지하려는 심보이다. 산에 들에 핀 꽃을 꺾어다가 자기 화단에 심는가 하면, 남의 산소에 떼를 떠다 자기 집 정원을 꾸미는 파렴치한 경우도 있다. 자기만 바쁜 듯이 붐비는 차 속에 끼어드는 운전기사, 응급환자를 보러 가는 의사에게 승강기를 양보 않는 면회객들, 이 것들 뿐이겠는가?

자기의 조그마한 돈벌이를 위해 살인까지 저지르는 젊은이들도 있다. 우리 생활 주변에 널리고 쌓인 게 모두가 이러한 불쾌한 일로 혈압을 높이는 일들이라 새삼스러울 것도 없다. 오히려 그렇지 못하는 사람들이 바보요 못난이다. 이러한 상황을 겪을 때마다 타이타닉호의 최후를 그린 영화를 떠오르게 한다.

거대한 호화 여객선 타이타닉호는 빙산과 충돌하여 북대서양 찬 물속으로 침몰하고 만다. 처음부터 약 3시

구명정에 올라타는 승객들(거의 대부분 여자와 아이들이다.)

간 동안 승무원들이 벌이는 구조 활동도 그러하거니와 그보다도 구명대에 어린이와 여자를 태우기 위하여 자기의 생존권을 양보하는 사람들의 모습이 더 감동적이다.

타이타닉과 운명을 같이 하는 1517명은 악사들의 올드랜 싸인 연주 속에서 손을 흔들며 천천히 물속으로 사라지는데, 구명정에 탄 생존자들은 이를 바라보며 뜨거운 눈물을 흘린다.

그러므로 감명을 받지 않겠는가! 이 세상에서 남을 위하여 자기의 생명을 버린다는 것은 가장 아름다운 일이라고 생각된다. 아무리 우리들의 정신 상태가 혼미하고, 황금만능 주의로 가치가 전도된 자기 중심적인 시대라 해도 타이타닉호의 승무원과 승객들의 삶과 죽음 앞에서도 여성과 약자를 배려하는 교훈을 새기게 한 이 영화만은 우리 모두가 감명을 받을 수밖에 없었다. 그래서 많은 사람들이 이 영화를 보기 위하여 몰려든 것이라고 생각된다.

1998. 12. <금성정밀 회보>

무선통신의 시대

지금으로부터 100여 년 전 무선통신이 세계적으로 유명해진 큰 해난 사고가 대서양에서 발생하여 세계를 놀라게 하였다. 승객 1600여 명을 태우고 뉴욕을 떠난 리퍼블릭호와 2000여 명의 승객을 태운 플로리다호가 충돌하여 침몰 직전에 처하였다.

그런데 마침 마르코니회사의 통신사가 조난신호인 CQD를 발사하여 구조 요청을 하게 되었다. 이때 리퍼블릭호가 침몰하게 되어 승객들이 작은 선박인 플로리다호에 옮겨 타게 되었는데, 옮겨 탄 선박 역시 운항하기 어렵게 되어 결과적으로 근처에서 구조차 달려온 발틱호에 의해 간신히 구조되었다.

이때 구조된 승객이 4000여 명이나 되어 마르코니가 발명한 무선통신은 또 한번 전 세계를 놀라게 하였다.

얼마 후 비슷한 사건이 또 발생하였다. 1912년 4월 14일 한밤중에 초호화 여객선 타이타닉호가 북대서양에서 거대한 빙산과 충돌하였다. 부녀자와 어린이들 710명은 여객선에 비치되어 있던 구명보트로 목숨을 살렸으나 1517명의 남자 승객과 승무원들은 익사하고 말았다. 간신히 피신했던 710명의 생존자들조차도 추운 북극 바다에서 얼어 죽고 풍랑에 휘말려 갈 위험에 직면에 있었다. 바로 이때 이들을 위험에서 건져주었던 것이 전 세계에 보낸 통신사의 SOS 구조 요청이었다.

이렇듯 마르코니가 발명한 무선통신은 통신의 발전에 획기적인 사건으로 세계를 놀라게 하였다. 마르코니는 무선통신을 어려서부터 연구한 과학자이다. 여러 무선 통신기술을 선배들이 발명한 통신의 기초 이론을 조합하여 전파로 불꽃 통신만을 하던 시대에 모르스부호 기술에 무선통신을 접목시켜 편리한 무선통신의 시대를 활짝 꽃 피웠다

1914년 8월 5일 영국은 독일에 선전포고를 하고 다

가라앉는 타이타닉과 그것을 바라보는 구명정의 승객들

음날 독일의 모든 유선망을 차단 시켜 버렸다. 그래서 독일은 통신 기술로 세계1차대전을 치르게 되는데, 독일은 당시 가장 강력한 전파 기지국을 가지고 있었다.

베를린 외곽 나우엔에 그 기지국이 있었다. 통달 거리는 먼 미국과도 교신이 가능했고, 아프리카의 토고에 있는 기지국과도 교신을 할 수가 있었다.

마르코니의 무선통신시스템은 캐나다와 영국의 대서양간을 무선통신하는데, 밤에는 교신이 잘 이루어지는데 낮에는 잘되지 않아 어려움 당하였다.

마르코니는 그 이유를 알지 못하였다. 올리버 헤비

싸이드(Oliver Heavised)는 전리층의 역할이라고 주장하였는데, 그 당시에는 이를 믿지 않았지만, 훗날 1926년 케임브리지 대학의 에드워드 에플턴(Edward Appleton) 교수의 실험으로 증명되었다.

작년 말 우리나라의 인터넷 가입자 수가 3000만 명을 돌파하고 휴대폰 소지자가 3600만 명을 돌파할 정도로 통신의 발전은 예측할 수가 없다. 이렇게 무선통신이 발전하기까지에는 마르코니의 역할이 대단히 컸음을 우리는 알아야 할 것이다.

1998년 10월 <SOS 칼럼>

천만리 머나먼 길에

나는 2004년 11월에 산업대학원 최고경영관리자 과정의 원우들과 2박 3일 일정으로 전국을 여행할 기회가 있었다. 경기도 다산 정약용 선생의 생가를 비롯하여 오대산 월정사, 정선 아오라지, 그 다음에 영월 청령포에 갔었다.

1980년에 제자의 주례를 서고 단종 능과 청령포에 가본 적이 있었다.

그때는 청령포라는 육지 속의 섬이었다. 20년 후에

와보니 단종이 귀향 와서 생활한 집과 시녀들의 생활 터전을 모두 그때 모습으로 꾸며 놓았다.

청령포는 조선 제6대 임금인 단종이 유배 생활을 하던 장소로 이름 높다. 삼면이 강으로 싸이고 남쪽 뒤는 절벽이라서 거의 성이나 다름없는 곳이다. 단종이 한숨으로 나날을 보내던 곳이지만, 송림이 울창하고 경치가 좋아 지금은 영월 최고의 관광 명소가 되었다. 가을에 가면 좋으며, 강변이라도 물살이 빠르고 수심이 깊어 수영이 금지된 곳이라 피서에는 부적합하다.

영월 8경 가운데 아름다운 곳으로 손꼽히는 청령포는 남쪽으로 매우 가파른 층암절벽으로 가로막힌 데다 동 · 북 · 서쪽이 서강(西江)에 가로막혀 절해의 고도를 이뤄 빠져나가기 힘든 곳이다.

청령포(강원도 기념물 제5호)가 유명해진 것은 청령포의 아름다운 풍광과 17세의 단종이 세조 3년(1457)에 노산군(魯山君)으로 강봉되어 2개월 동안 유배된 곳이기 때문이다. 단종이 이곳에 머물렀을 당시 일반인들의 엄격하게 통제했으며, 포졸 50명을 상주시켜 단종을 감시하였다.

청령포 나루터에 도착하면 제일 먼저 눈에 뜨이는 것이 왕방연의 시조비다. 그는 단종이 먹을 사약을 들고 온 금부도사의 신분이었다. 그는 그 직책이 죽어도 싫었겠지만 세조의 명을 수행해야만 아는 안타까운 심정이었다. 그는 그의 심경을 시조로써 후세에 남겼다.

천만리 머나먼 곳에 고운 님 여의옵고
이 마음 둘 데 없어 냇가에 앉았으니
저 물도 내 안 같아야 밤길 예놋다.

나는 총각 선생님 시절부터 이 시를 읽으면서 애절한 사연이 담겨있는 슬픈 내용이라 좋아했다. 권력이 무엇이기에 어린 조카를 먼 청령포까지 귀향을 보낸 세조의 마음을 이해할 수가 없다. 모든 것이 지나고 보면 뜬 구름 같은 것인데…….

청령포로 들어가려면 청령포나루를 오가는 자그마한 유람선을 이용하면 된다. 청령포의 물빛은 언제 보아도 눈이 시릴 정도로 늘 푸르다. 반월도처럼 펴져 나간 모래사장은 한여름 더위를 식히기 안성맞춤이다.

강가의 자갈밭 길을 따라 걸어 들어가면 울울창창한 송림이다. 거의가 아름드리 소나무이고, 면적이 광대하다.

조선조 영조 2년(1726)에는 이곳의 소나무를 함부로 베 내어 가지 말라는 뜻의 '금표(禁標)' 비를 세워두었고, 지금까지 전해진다. 송림 속 곳곳에 벤치도 놓아두어서 편히 쉴 수 있다. 송림 속의 단종이 거처하던 집은 허물어져 주춧돌만 남아 있었으나 1990년대에 들어 영월군이 복원했다. 시녀들이 지내던 초가집도 다시 세우고, 시녀 인형도 만들어두어 당시 단종의 유배생활을 한결 실감나게 추측해볼 수 있다.

청령포의 소나무들은 한결같이 아름다운 자태를 자랑하지만, 그중에도 최고 미인 소나무는 관음송이다. 관음송에서 서쪽의 산비탈을 조금만(50m쯤) 올라가면 단종이 앉아 두고 온 한양 쪽을 바라보았다는 노산대 꼭대기에 다다른다. 발아래는 수십 길 절벽이고, 그 밑으로는 서강이 유유히 흘러 매우 아름답다.

석양 무렵에 특히 좋다. 또한 이곳에는 단종이 왕비 송씨를 생각하며 막돌로 쌓아올렸다는 '망향탑' 이 서 있다.

20년 만에 찾아온 청령포가 대단히 감격스러웠다.

내가 좋아하는 한시가 여러 편 있는데, 광해군을 귀향 보내고 어떤 충신이 지은 시를 가끔 읊는다.

말은 가려 울고 님은 잡고 아니 놓네.
석양은 재를 넘고 갈 길은 천리로다.
저 님아 가는 나를 잡지 말고 가는 해를 잡아다오.

사람은 생사의 기로에 섰을 때 심금을 울린 슬픈 시가 나오나 보다.

대관령을 넘으며

여러 책에서 이야기했듯이 젊은 시절 강릉에서 고등학교에 근무할 때 율곡 선생이 태어난 오죽헌에 갈 기회가 자주 있었다. 오죽헌은 신사임당(1504~1551)과 율곡 이이(1536~1584)가 태어난 유서 깊은 집이다.

1504년 10월 29일, 강릉 북평촌(오죽헌) 외가에서 신명화 공의 둘째 딸로 태어나 외조부의 가르침을 받으며 자랐다.

예술가인 동시에 높은 덕과 인격을 쌓은 어진 부인으로, 또 훌륭한 어머니로 한국을 대표하는 여성의 모범상이 되었다.

사임당 신씨는 강원도 강릉에서 교양 높은 부모의 딸로 태어났다. 바느질이나 수예는 물론, 글과 글씨, 그림 등에 이르기까지 천재적 재능을 보여 부모, 친지의 깊은 사랑을 받았다.

7세 때 이미 안견의 화풍에 영향을 받아 산수화를 그렸다고 하는데, 그림에서는 산수화뿐만 아니라 포도, 풀, 벌레 등에도 솜씨가 뛰어났다. 유교의 경전과 좋은 책들을 널리 읽어 학문을 닦기도 하였다.

19세 때 이원수와 결혼한 후에 아버님이 일찍 별세하셨으므로, 홀어머니 이씨를 모시고 친정에 살면서 서울 시댁과 율곡리를 내왕하였다.

사임당이 33세 되던 해 이른 봄 밤, 꿈에 동해에 이르니 선녀가 바닷속으로부터 살결이 백옥같은 옥동자 하나를 안고 나와 부인의 품에 안겨주는 꿈을 꾸고 아기를 잉태하였고, 다시 그해 12월 26일 새벽, 검은 용이 바다로부터 날아와 부인의 침실에 이르러 문머리에 서려 있는 꿈을 꾸고 아기를 낳으니, 그가 바로 셋째 아들 율곡 선생이다.

사임당은 항상 몸가짐을 조심하여 자식들을 교육시키고, 남편에게는 항상 올바른 길을 가도록 내조하였으며, 7남매를 모두 훌륭하게 키웠다. 그러면서도 시부모와 친정어머니를 잘 모셔 효녀로서도 알려졌다.

오죽헌

이런 사유로 시간만 있으면 자주 오죽헌에 갔었다. 신사임당이 자녀 교육을 잘 시켜 율곡 이이와 같은 대학자를 키워낸 유적지에 갔을 때마다, 나도 이 다음 아들을 낳으면 이이 선생처럼 '신신'으로 이름을 지어 훌륭한 인재로 키워야겠다고 마음먹고, 결혼도 하기 전에 이름을 지어 수업 시간에 학생들에게 이 다음에 선생님에 아들 이름은 '신신(申神)'이라고 지었다고 이야기했다.

그 후 결혼을 해서 첫 아들을 낳아 이름을 신신으로

지어 고향집에 보냈더니, 아버지께서 이름을 신윤호로 작명하여, 이미 호적에 기재해 버렸기에 실패하였다.

1978년 9월, 둘째 아들을 낳아서 그때서야 내가 직접 고향의 면사무소에 가서 신신으로 호적에 올릴 수가 있었다. 많은 제자들이 첫째 아들의 이름이 신신으로 알고 있다.

그런데 훌륭한 인재로 성장해 줄 것으로 믿었던 둘째 아들이 갑자기 예능계쪽, 그것도 이 세상에서 가장 어렵고 성공하기 힘든 연예인을 하겠다고 나섰다.

온 가족이 반대하고 말렸으나 고집을 꺾지 못하고 말았다.

심지어 둘째 아들 모르게 군대까지 입대시켜 막으려 했지만, 그 뜻을 꺾지 못하고 지켜보고 있다.

그 후 다행히 주위의 도움으로 학교도 그 분야의 대학을 졸업하고 열심히 노력하고 있다.

신신이 MBC 사극〈상도〉의 유기전 석돌 역으로 출연할 때, 의정부 세트장에서 촬영을 할 때였다. 그때 겨울이라 엄청난 추위가 몰아칠 때 새벽4시에 일어나서 몇 시간을 걸쳐 의정부 세트장까지 가는 것을 보고 역시 자기 좋아서 하는 일을 저렇게 열심히 하는구나 하고 혼자서 감탄을 하였다. 신신이의 대성을 기원한다.

오죽헌에 갔을 때 신사임당의 〈대관령을 넘으며 친정을 바라보다〉라는 시가 떠오른다.

늙으신 어머님을 고향에 두고
외로이 서울 길로 가는 이 마음
돌아보니 북촌은 아득도 한데
흰 구름만 저문산을 날아 내리네

이 시는 사임당이 38세 때 강릉 친정으로 어머님을 찾아뵙고 다시 서울로 돌아가는 도중, 대관령에서 오죽헌 쪽을 바라보면서 홀로 계시는 늙으신 어머님을 그리며 지은 것이다.

그 외에도 그가 교양과 학문을 갖춘 예술인으로서 성장할 수 있었던 배경은 그의 천부적인 재능과 더불어 그 재능을 발휘할 수 있도록 북돋아준 좋은 환경이 있었다. 사임당은 학자의 집안에서 자라나 엄격한 교훈 밑에서 유학의 경전과 명현들의 문집을 탐독하여 시와 문장에 능하였다. 글씨에도 고상한 정신과 기백이 넘쳐흐르며, 기품있는 솜씨를 보여주고 있다. 그의 재능은 7세에 안견(眼見)의 그림을 스스로 사숙(私淑)하였던 것에서 찾아볼 수 있다. 또 그녀는 통찰력과 판단력이 뛰어나고 예민한 감수성을 지녀 예술가로서 대성할 특성을 지니고 있었다. 거문고 타는 소리를 듣고 감회가 일어나 눈물을 지었다든지, 강릉의 친정어머니를 생각하며 눈물로 밤을 지새운 것 등은 그녀의 섬세한 감정이 남다르다는 것을 보여주는 것이다.

그녀의 그림 · 글씨 · 시는 매우 섬세하고 아름다운데 그림은 풀벌레, 포도, 화조, 어죽(魚粥), 매화, 난초, 산수 등이 주된 화제이다. 마치 생동하는 듯한 섬세한 사실화여서 풀벌레 그림을 마당에 내놓아 여름 볕에 말리려 하자, 닭이 와서 산 풀벌레인 줄 알고 쪼아 종이가 뚫어질 뻔하기도 하였다고 한다.

그녀의 그림에 대한 예찬은 많은 사람들의 발문에 기록되어 있는 바와 같이 여류의 으뜸이다. 그림으로 채색화, 묵화 등 약 40폭 정도가 전해지고 있는데, 아직

세상에 공개되지 않은 그림도 수십 점 있는 것으로 알려져 있다. 작품으로는 〈자리도〉, 〈산수도〉, 〈초충도〉, 〈노안도〉, 〈연로도〉, 〈요안조압도〉와 6폭 초서병풍 등이 있다.

사임당은 완전한 예술인으로서의 생활 속에서 어머니와 아내의 역할을 성숙시켰다. 그런 면에서 볼 때 그는 조선왕조가 요구하는 유교적 여성상에 만족하지 않고, 독립된 인간으로서의 생활을 스스로 개척한 여성이라는 점에서 오늘날 황폐해진 교육의 현장에서 더욱 본받을 만하다고 할 수 있다. 지금도 오죽헌에 가보고 싶다.

제 2 부

물 흐르듯이

온갖 더러운 것이 하천을 통해 바다로 흘러 들어가지만 바다는 결코 그 더러움에 물들지 않는다. 호호한 기상과 넉넉한 포용력으로 온갖 더러움을 받아들여 정화시켜 버리는 것이다.

명경지수(明鏡止水)

인생은 명경지수 같은 마음이 필요하다고 생각된다.

금년 여름철처럼 무더운 계절은 내가 태어나서 처음인 것 같다. 덥고 지루한 가뭄까지 겹쳐 세상은 온통 뒤숭숭하다. 매일 폭염의 더위는 연일 계속되고 농촌, 도시할 것 없이 물 걱정이 태산 같았다. 물의 중요함을 우리는 언뜻 알고 있었지만 이번 여름처럼 절실히 느낀 적은 없었을 것이다.

흔히 우리는 인생살이를 이야기할 때 물에 많이 비교한다. 물의 흐름처럼 살아가라고…….

물의 흐름은 순리에 따르는 자연스러움이다. 높은 곳에서 낮은 곳으로 흐르면서 결국에는 대해(大海)를 이룬다.

사람은 물처럼 호호(浩浩)한 마음가짐이어야 한다. 큰 냇가가 유유하게 흐르는 광경이요, 바다가 광활하게 펼쳐있는 양양한 광경이 바로 이 호호이다. 우리는 마음이 넓고 활달해야 한다. 아집과 편견과 독선과 이익에 사로잡힌 왜소한 사람을 우리는 소인이라 일컫는다. 호호는 대인의 마음이요, 달관한 사람의 기상이다. 큰일을 도모하려는 사람은 바다처럼 넓고 깊은 마음으로 포용력을 가져야 한다.

온갖 더러운 것이 하천을 통해 바다로 흘러 들어가지만 바다는 결코 그 더러움에 물들지 않는다. 호호한 기상과 넉넉한 포용력으로 온갖 더러움을 받아들여 정화시켜 버리는 것이다.

우리는 바다와 같은 넓은 포용력과 광활한 정신을 배우고 길러야 한다.

또한 우리는 담담한 마음가짐이어야 한다. 담담한 물이 맑듯이 우리의 마음이 맑고 조용해야 한다. 담담한 마음은 맑은 마음이요, 또 조용한 마음이다. 맑은 거울이 사물을 맑게 비추고 조용한 물이 사물을 분명하게 비춘다.

우리 모두 이 더운 여름철에 맑은 명경지수처럼 살아가자.

1994. 8. 10. 〈SOS 칼럼〉

지상에서 가장 훌륭한 사람

세상에는 별의별 사람도 많고, 직업도 다양하다. 하늘에 있는 별처럼 수많은 사람들이 생활 방식도 다양하고 가치관도 많이 다르다. 우리는 그 많은 사람 중에서 정말 훌륭한 사람, 보통 사람, 못된 사람을 구별할 수는 있다.

이왕이면 훌륭한 사람이 되는 것이 좋고, 또 그런 사람이 많을 때 이 사회는 보다 밝아지며 살맛이 날 것이다. 사람마다 삶의 관점에 따라서 약간의 차이가 있겠지만, 대다수는 이러한 사람을 훌륭하다고 인식할 것이다.

한솥밥을 같이 먹으며 살아가는 식구 중에서도 가장 훌륭한 분은 어머니이다. 내 몸 돌보는 것은 아랑곳하지 않고 항상 시부모, 남편, 자식들을 돌보는 어머니, 추운 겨울에도 찬물에 손을 넣어 설거지하시고, 자녀들의 도시락 싸기에 여념이 없고, 언제나 식구들 옷가지 세탁에 쉴 새 없이 바쁘지만 군소리하지 않는 어머니, 모든 가족을 위해 희생을 달게 감수할 뿐이다. 어떻게 보면 골뱅이나 거미가 자신의 새끼를 치고, 새끼는 어미의 몸을 야금야금 갉아먹으며 자라고, 다 자라면 제각기 흩어져 새로운 삶을 찾아가는 모습에서 어머니의 희생과 헌신을 비유할 수도 있음직하다.

또한 별 여유 없이 아침부터 저녁까지 바쁘게 살아가는 현대인이지만 꼭 내 가정만이 아니라 이웃도 생각하며 살아가는 사람도 있다. 행여 이웃에 불쾌감은 주지 않을까 아파트 벽에 못질을 하는 일이 있어도 조심하면서 박고, 부부 싸움을 해도 행여 이웃에 누가될까 낮은 소리로 조용히 다투다 말고, 아파트 복도에 떨어진 쓰레기를 조용히 주워서 쓰레기통에 버리는 사람도 있다.

나보다 배고픈 사람, 나보다 가난한 사람, 나보다 못 배운 사람, 나보다 힘이 약한 사람, 나보다 지위가 낮은 사람, 그들의 입장으로 돌아가서 복지 정책을 입안하고 집행하는 훌륭한 사람도 있다.

육신의 거동이 부자연스러운 사람, 부모 없이 살아가는 소년소녀 가장, 부모가 없는 고아, 자식이 없는 무의탁 노인을 돌보는 사람, 연말연시만 되면 불우이웃돕기 성금을 앞다투어 내는 사람들은 훌륭한 사람이다. 교도소 깊숙이 들어가 다시는 죄 짓지 말라고 입이 마르도록 죄수를 설득하는 사람, 사업하다 망한 친구가 손을 벌리지 않아도 쌀가마니를 갖다 주는 사람, 죽어가는 사람들이 건강을 위해 치료에 몰두하며 치료비 없는 이를 위해 무료로 진료해 주는 사람, 이런 사람들은 정말 훌륭한 사람이다.

배는 고프되 하늘을 보아 부끄럽지 않게 올바르고 떳떳하게 살아가는 사람도 있다. 박봉에 시달리면서도 열심히 직장을 다니며 한번도 결근이나 지각하지 않고, 부정에 유혹받지 않으며 난초의 모습과 같은 선비의 기개로 살아가는 공무원도 있다. 비록 자랑할만한 직업이나 번듯이 내세울만한 직위는 아니지만 쓰레기를 치울지라도, 하수도 청소를 할지라도, 야간 근무를 하는 수위나, 공장에서 3교대하는 근로자일지라도 나의 임무를 떳떳이 수행하는 사람은 훌륭한 사람이다.

항상 어려운 친구, 가난한 사람, 어려움에 처한 동료를 도우면서 말없이 숨어서 자신의 길을 가는 사람은 훌륭한 사람이다.

1996. 10. 6. <SOS 칼럼>

부모님의 은혜

옛날에 지은(知恩)이라는 여인이 있었다. 매일 날품을 팔아 눈 먼 홀어머니를 봉양하다가 흉년이 들어 쌀 열 섬을 받고 부잣집 노비로 들어갔다. 낮에는 주인집에서 일하고 밤이면 집으로 돌아와 밥을 지어 드렸다.

어느 날 어머니가 말했다.

"전에는 음식은 거칠어도 마음이 편하더니 요즘은 음식은 좋으나 마음이 편치 않으니 어찌된 일이냐?"

여인은 어머니의 입만 봉양하고 마음을 살피지 못했던 불효를 깨닫고 크게 통곡했다. 《삼국사기》가 전하는 이야기다. 공자(孔子)도 말했다.

"요즈음의 효는 단지 공양만 말한다. 개나 말도 다 먹여 기른다. 부모를 공경하지 않으면 개나 말을 먹이는 것과 무엇이 다르겠는가?"

견마지양(犬馬之養)이라는 고사성어가 유래된 《논어》의 한 대목이다. 부모님을 한 집에 모시고 살면서 아침저녁 진짓상을 올리는 일마저 잊어버린 요즘 자식들에게 던지는 질책처럼 들린다.

율곡의 《격몽요결(擊蒙要訣)》은 가르친다. 날마다 해뜨기 전에 일어나 세수하고, 머리를 빗고 의복을 갖춘 뒤 부모 침소에서 나아가 기색을 낮추고 음성을 부드럽게 하여 간밤의 안부를 여쭙는다. 날이 저물면 침소의 이부자리를 보아드리고, 평소에 늘 화평하고 즐거운 안색으로 공손하게 응대한다. 밖에 출입할 때에는 반드시 절하고 아뢰어야 한다. 잠깐이라도 부모를 잊지 않고서야 효라고 할 수 있는가!

불교의 《부모은중경(父母恩重經)》은 부모님의 열 가지 은혜를 열거한다. 자식을 잉태하고 낳아서 길러주신 은혜, 쓴 것은 당신이 잡수시고 단 것은 자식에게 먹이며, 진자리 마른자리 갈아 눕히신 은혜, 더러운 것 씻어 주고 자식 위해 모진 일 마다하지 않으시고 임종 때까지 자식을 근심하신 은혜이다.

우리는 오늘날 부모님을 잘 모시기는커녕 언제 부모님의 보살핌을 받았는가 하며 거들떠보지도 않고 자기와 자식만을 애지중지 여기는 이 각박한 세상을 우리는 한번 뒤돌아보자.

1996. 11.〈SOS 칼럼〉

무서운 일본 아이들

나는 강의 시간에 여러 가지의 정보를 학생들에게 전하고 또 인성교육에 관한 이야기도 자주한다. 그리고 전파법의 법에 대하여 이야기할 때 가장 많이 인용하는 내용은 손숙씨가 쓴 〈일본 아이들이 무섭다〉라는 내용이다.

나도 여러 번 일본을 여행할 기회가 있어 느낀 소감은 토론하곤 했는데, 손숙씨의 느낌과 비슷하여 그대로 소개한다.

이곳저곳에서 이른바 '세계화 시대' 라는 소리가 들

려오고 있는 현실이니 나도 한두 회에 걸쳐 다녀온 나라 이야기를 해볼까 한다.

얼마 전 일본에 다녀온 적이 있다. 모처럼 휴식을 취하기 위해 며칠간 짬을 낸 여행이었다. 일본에 대해선 가깝고도 먼 나라라는 말을 흔히 한다. 40여 년 우리를 강제로 지배했던 제국주의 일본, 이 끔찍하고 불행하며 아직도 청산되지 못한 과거는 우리와 일본의 사이를 여전히 애매모호하게 만들고 있다. 나 또한 일본과 일본인에 대해선 감정이 썩 좋은 편이 아니다. 어쩌면 내가 편견에 사로잡혀 있는 것 아닌가 하는 생각마저 들 때가 있을 정도다. 틀림없는 그들의 장점마저도 '흥, 그까짓것' 하며 코웃음 치는 경향이 있기 때문이다.

우리와 비교할 때 일본과 일본인에게는 확실히 인상적인 점이 적지 않다. 우선 눈에 띄는 건 그들의 질서의식이다. 차량이 우측 통행하고 있는 우리와 달리 일본에서 차들이 좌측 통행을 한다. 우리와 반대인 통행방법 때문인지는 몰라도 버스도 탈 때는 승객들이 뒤에서 탄 뒤 앞으로 내리며 요금을 낸다. 나같이 얼굴이 알려진 사람들은 우리나라에서 버스 타기가 쉽지 않다. 그건 따가운 시선 탓도 있지만 심한 교통체증 때문에 길에서 버리는 시간이 너무 많기 때문이다.

일본에 갔을 때 오랜만에 편안한 마음으로 버스를 한번 이용해 봤다. 버스 정류장에는 노선 버스의 운행 시간이 붙은 게시판이 있었다. 난 우리 실정만 생각하고 과연 지켜질까 싶은 냉소적인 생각으로 시계를 들여다봤다. 그런데 그네들의 버스는 정말 제 시간에 도착했다. 그리고 줄 서서 기다리다 차례로 버스에 오른 승객들은 기사 뒤쪽에 몇 개의 좌석이 비어있는데도 거기에 앉지 않고 그냥 선채로 목적지까지 갔다. 알고 봤더니 회색커버가 씌어진 그 자리들은 우리식으로 치면 경로석이었다. 또 동경에 있던 며칠 동안 난 거리에서 자동차 경적 소리를 들어본 적이 없다. 나 자신이 오너드라이버인 까닭에 경적을 울리지 않고 다니는 차들이 신기하기까지 했다.

일본인을 두고 흔히 말하는 것이 친절함이다. 물론 그들은 무척 상냥하고 예의바르다. 서비스업에 종사하는 사람뿐만이 아니라 길에서 만난 낯선 행인들까지도 친절이 몸에 배어 있다. 길을 물으면 원하는 곳까지 안내해 주는 경우도 있다. 그러나 난 이런 질서의식과 친절함 등을 보며 기죽지 않았었다. 물론 우리에겐 그들과 비교에 부족한 점이 없지 않지만, 그런 것쯤 우리도 마음만 먹으면 얼마든지 할 수 있다는 자부심이 있었기 때문이다.

그런데 내가 그만 그들을 인정할 수밖에 없는 일을 목격하고 말았다. 한 공원에서였다. 50여 명의 유치원 아이들이 소풍을 왔다. 마침 점심시간이었다. 영상 5, 6도밖에 안 되는 쌀쌀한 날씨였는데도 아이들은 한결같이 썰렁한 옷차림이었다. 사내아이들은 반바지에 맨다리 혹은 무릎까지도 올라오지 않는 양말 차림이었고, 계집아이들은 짧은 치마에 얇은 스타킹을 신고 있었다. 그런데도 아이들은 추운 기색 없이 1인용 돗자리 위에 신발을 벗고 올라가 무릎을 꿇고 앉았다. 그리곤 검소한 도시락을 까먹었다. 김밥도 아닌 주먹밥 한두 개, 간단한 반찬, 그리고 사과 몇 쪽이 전부였다. 선생들도 마찬가지였다. 꽃샘바람이 차가운 공원 광장에서 선생들도 아이들과 똑같이 자신들이 싸온 도시락을 먹었다. 아이들을 따라온 부모는 한 명도 없었다.

나는 '일본의 저력은 바로 이것이구나!' 하는 생각이 들었다. 어렸을 때부터 길들여지는 검소한 생활 자세, 야생화처럼 키워지는 억셈……. 만약 우리나라 유치원에서 이런 식으로 소풍을 간다면 엄마들의 항의가 빗발치지 않았을까. 난 솔직히 공원에서 만난 이 아이들을 보며 일본이 무서워졌다.

무소유(無所有)

나는 아침에 순천 북부 정류장까지 걸어서 시외버스를 타고 여수시외버스 터미널에 내려서 두 번이나 시내버스를 갈아타고 연구실에 도착한다. 소요되는 시간은 약 2시간 정도 걸린다. 대중교통을 이용하여 매일 출퇴근하면서 줄 이은 승용차들을 보면서 서글프고 이상하다는 마음이 들 때가 간혹 있다. 저 복잡한 교통지옥 속에서 자기 한 몸을 싣고 먼 거리를 오가는 많은 사람들을 나는 이해할 수가 없다.

나는 자동차도 없고, 시계도 차지 않았으며, 또한 지

갑도 가지고 다니지 아니한다. 그 외에도 비누나 화장품 같은 것을 사용하여 멋을 내거나 얼굴에 무엇을 바른 적이 거의 없다. 또한 나는 술이나 담배, 커피를 비롯하여 카페인이 함유된 것이나 탄산음료 등의 음식도 거의 먹지 않고, 마시지 않는다. 아침은 많이 거르고 점심은 빵 한두 개로 때운다.

유일한 낙이 있다면 보통 사람들이 행하고 하는 일들을 내 생각과 방법으로 자기답게 사는데 더 매력을 느낀다.

가진 것도, 먹는 것도, 입는 것도, 지닌 것도, 쓰는 것도 별로 없다보니 요즈음 시대에 뒤떨어진 고지식한 사람이라 생각된다. 그렇지만 승용차나 시계가 없다고 불편을 느낀 적이 별로 없고, 지갑이 없이 봉투에 돈을 넣고 다녀도 아무런 불편함이 없다. 비누나 화장품을 사용치 않아도 피부에 이상이 없다. 술이나 담배, 커피를 별로 마시지 않아도 즐겁고 신나는 일들이 나를 많이 기다리고 있다.

물론 삶이란 자기 자신의 척도에 맞추어 살아가는 것이겠지만, 요즈음처럼 복잡다단한 세상살이에서 형식과 치장에 얽매이고, 먹고 마시고 노는 풍토 속에서 어떤 삶이 보람과 후회 없는 생활인지 한번쯤 뒤를 돌아보면서 우리 다같이 생각해 보자.

인간은 본디 욕망적인 존재이다. 마음에 드는 것을 소유하기 위해 치열하게 경쟁하고, 전쟁마저 불사한다. 이처럼 인간의 욕심은 끝이 없다. 재물과 권력을 소유하고 부귀를 소유하고 싶은 사람들이 어디 하나둘이겠는가?

그렇지만 사악한 마음이고 예란 바른 도리, 곧 사람의 본 마음인 양심을 말한다. 우리들의 마음속에는 욕심과 양심이 끊임없이 갈등을 일으킨다. 수양을 부단히 하여 욕심을 억제하고 양심을 보존하여야 한다.

인간은 학문이 아니면 진실로 그 어느 것이 효(孝)가 되고 충(忠)이 되고 신(信)이 되고 제(悌)가 되는지 알기 어렵다. 그러므로 항상 글을 읽어서 이치를 깨닫고, 배움을 게을리 해서는 안 될 것이다.

그리고 모든 것을 물질로 소유하는 것보다 마음으로 소유하는 것이 훨씬 값진 것이라 생각된다.

1995. 2. 10. 〈SOS 칼럼〉

아, 어머니

50년을 살아오면서 요즈음처럼 마음과 몸이 고단하고 피로할 때가 없다. 나를 낳으시고 키우시고 가르쳐서 오늘의 자리에까지 서도록 사랑해 주신 어머니께서 한 달이 넘도록 병원에 입원해 계시니 세상만사가 다 싫다.

그리고 하루하루 지낸 것이 덧없고, 특히나 어머니가 계시지 않는 세상을 상상한다는 자체가 나에게 있어서 모든 것을 무의미하게 한다.

어쩌면 평소 어머니를 위하여 나는 부지런히 살아 왔

는지도 모른다. 내가 훌륭하게 성공하면 저 먼 시골 땅에 계신 어머니께서 기뻐하시고 좋아 하시니까, 어머니는 이 세상의 무엇과도 바꿀 수 없는 귀중한 분이니까, 어머니를 기쁘게 해드리기 위해 많은 노력을 해왔다.

어머니께서 계시지 않는 세상은 나에게 아무런 의미가 없다. 성공을 하면 무엇하고 돈을 많이 벌면 무엇을 하랴! 어머니가 계시지 않으면 아무런 쓸모가 없는 한낱 꿈일 뿐이다. 어머니에 대한 기억이 꼬리에 꼬리를 물고 떠오른다.

나는 고홍 시골에서 상경하여 서울에서 대학을 다녔다. 어느 날 시골에서 올라오신 어머니가 학교에 오셨다. 비녀를 꽂은 단정한 한복 차림이었다. 그런 어머니를 보고 친구들은 미인이라고 모두가 칭찬하였다.

대학 졸업 후 군에 입대하여 대전 통신학교에서 병과 교육을 받았다. 그러던 중 신정 연휴를 맞이했는데, 뜻밖에 어머니가 면회를 오셨다. 신정 연휴라 만날 수 있을 것 같아서 왔다고 하셨다. 반가운 마음에 어머니를 부둥켜안고 얼마나 울었는지……, 옆에 있던 전우들도 넋을 잃고 바라보았다.

강원도에서 교사 생활을 할 때 병을 얻어 세브란스 병원에 입원한 일이 있었다. 수술 후 깨어났을 때 밤 열차를 타고 도착하신 어머니를 안고 병원이 떠나가도록 통곡했던 일이 떠오른다. 어찌나 슬피 통곡을 했던지 입원실 환자들도 함께 울었다.

아아, 어머니! 평생 74년을 사시면서 자식을 위해서라면 무엇이든 아끼지 않고 어떠한 간난산고도 감수하면서 일생을 살아오셨다. 아무리 인생살이가 생로병사(生老病死)라 하지만, 이렇게 속수무책으로 내가 아무것도 해드릴 수 없이 병원 침대에 의지하고 있는 모습을 보노라니 가슴이 미어지는 아픔이 엄습한다.

어떻게 하면 어머니께서 시원하게 완쾌할 수 있을까 하고 모색을 해보아도 정답이 없다. 의술이 많이 발전했다 하여도 아직도 시원하게 완쾌할 수 있는 비법은 너무 먼 것 같다.

적막하고 캄캄한 병실에 어머니를 홀로 잠들게 하고 집으로 돌아오는 발걸음은 천근만근이나 되어 발걸음이 떨어지지 않으며, 저녁에도 잠을 도대체 이룰 수가 없다. 더 좋은 병원으로 모시고 가야 되는 것이 아닐까? 아니면 더 좋은 약을 써야 되는 것 아닐까? 하고 별별 생각을 하면서도 뾰족한 수가 없다.

부모는 일생 동안 자식을 위하여 헌신하셨는데, 자식들은 자기 살기 바쁘다며 소홀히 하는 경우가 많다. 우리 모두는 살아계실 때 부모님을 잘 모시고 공경해야 나처럼 이렇게 마음 아파하지 않을 것이다. 하루속히 어머님의 건강이 완쾌되기를 두 손 모아 빈다.

1998. 6. 3. 〈SOS 칼럼〉

칭찬의 힘

교육을 하면서 항상 느끼는 것은, 꾸중과 질책보다는 위로하고 격려해 주는 말 한 마디를 학생들은 평생을 기억하고, 선생님을 따라 훌륭한 인재로 성장하는 것을 많이 보아오고 있다.

교육은 꽃이나 정원을 가꾸는 일과 흡사하다. 가꾸는 사람에 따라 아름다운 정원이 될 수도 있고 보기 흉하게 망칠 수도 있다.

좋은 꽃을 가꾸기 위해서는 정성과 인내가 절대 필요하다. 화분에 꽃나무를 심고 꽃이 필 때까지는 많은 관심과 수고로움이 따른다. 밤낮으로 물을 주어야 하고, 적절하게 햇볕을 쪼이고, 밑거름을 주는 정성을 다한 후에야 마침내 꽃이 핀다.

화분에 꽃나무를 심어놓고 당장 꽃이 피지 않는다고 야단치는 사람은 없을 것이다. 만약 꽃나무에 이상이 있다면 가꾸는 사람 자신이 무엇을 잘못했는가를 생각할 것이다. 교육도 그런 마음이 필요하다고 본다. 꾸중과 질책보다는 언제나 위로하고 격려해 주면서 관심만 가지면 누구나 훌륭한 자식과 제자를 키울 수 있으리라 나는 확신한다.

나의 연구실에는 몇 개의 화분이 있다. 20년이 넘도록 매일 물을 주고, 햇볕을 쪼이며 가꾼 나무들이다. 20년이 넘도록 매년 학생들은 바뀌었지만, 이 화분의 나무들은 푸르게 잘 자라고 있다. 나는 이 나무들은 매년 지켜보면서 말라 죽지 않을까 염려를 했었는데, 제자들의 따듯한 정성과 성의를 먹고 아직까지도 잘 자라고 있다.

교육도 이 화분의 나무들처럼 부모와 스승이 항상 정성과 따뜻한 애정으로 관심을 갖고, 지나친 욕심을 갖지 않고 가르치고 지도하면 반드시 훌륭한 사회인으로 성장할 수 있다는 것을 나는 얘기하고 싶다.

예로부터 '사람은 일생을 살면서 열두 번 변한다'는 말이 전해오고 있다. 교육의 중요성을 일깨우는 말이다. 악행을 일삼는 사람이 지혜로운 누군가에게 감화를 받고 개과천선한 사례도 많다. 진정한 교육자는 이렇게 길을 제시하여 사람을 변화시킨다.

교육에는 지름길이 없고, 비가 오나 눈이 오나 반드시 해야 할 원칙만 있을 뿐이다. 발명왕 에디슨의 어머니를 생각해보라. 바보라고 놀림만 받던 엉뚱한 아들을 어떤 인물로 키웠는지 세계 역사가 말해주고 있다. 우리 모두가 평소에 가까운 곳에서부터 관심과 사랑을 가지고 제자나 자식의 교육에 자상함을 보인다면, 훌륭한 사람을 만드는데 큰 어려움이 없다고 생각된다.

요즈음 우리 사회는 모든 교육 수단을 다른 교육 방법에 의존하고 있다. 그러나 가장 기본적인 원칙을 지키는 것이 무엇보다 중요하다. 가정에서는 부모의 평소 생활 방식과 일상적인 생활 습관, 그리고 학교에서는 바르게 성장하고 사회에 나가서 남들과 잘 어울려

생활할 수 있는 훌륭한 인품과 기초 실력을 쌓을 수 있도록 교육하고, 그 방법을 가르쳐 주면 될 것으로 생각된다.

가정과 학교 교육은 따뜻한 보금자리가 될 수 있도록 부모와 스승의 사랑이 스며들 때 교육은 이루어진다고 볼 수 있다. 그러므로 교육에는 다른 지름길이 없고 오직 정도만 있을 뿐이다.

《재미있는 정보통신 이야기》 중에서

잊을 수 없는 사람

인생의 핵(核)은 사람과의 관계이다. 인연(因緣)이라는 것! 깊이 생각하면 퍽 신비롭다. 어떤 인연이 있어 부모와 자식으로 만나게 되었고, 또 어떤 인연이 있어 스승과 제자, 부부, 친구로 만나게 되었는지…….

살면서 수많은 사람을 만나고 관계를 맺는다. 나에게 기쁨과 행복을 주는 사람이 있는 반면에 슬픔과 고통을 주는 만남도 있다. 많은 만남 중에서도 특히 어려움에 처했을 때 도움을 준 사람은 잊을 수 없다.

2001년 나는 한국해양정보통신학회 학회장을 맡게

되었다. 수장의 책임과 의무를 다하기 위해 먼저 학회의 전반을 점검해 보았다. 사정이 어렵다는 것은 어느 정도 알고 있었지만, 막상 실상을 파악하고 보니 눈앞이 아득할 정도였다. 연 4회 발행토록 되어 있는 '논문지' 는 3회를 미처 내지 못하고 발행이 중지된 상태였고, 인쇄비만 해도 상당한 액수의 부채가 있어 학회가 파산 직전에 놓여 있었다.

또한 그때까지 학회는 사무실조차 마련하지 못한 상태로 이곳저곳으로 전전하며 지내고 있었다. 여러 가지 불편함과 파산 직전의 학회 운영 문제를 해결하고 도약의 기틀을 마련하기 위해서는 무엇보다 먼저 자금이 필요했다. '찾으면 길이 있다' 는 신념을 가지고 산학 협조가 가능한 기업체를 수소문하는 한편 직접 찾아다녔다. 학회의 설립 취지와 향후 청사진을 제시하고 후원의 도움을 요청했지만, 대부분 재정적 어려움을 토로하며 난색을 표하였다.

노력한 것에 비하여 성과가 너무 없어 몸도 마음도 지쳐갈 무렵, 지인으로부터 밀양에 소재한 대양전기공업주식회사 서승정 사장에 대한 이야기를 들었다. 학문과 기술을 존중하는 기업가라는 느낌이 강하게 마음에 닿았다. 꼭 만나보고 싶었다.

'쇠뿔도 단김에 빼라'는 속담이 있듯 다음날 새벽 6시 첫차를 타고 여수를 출발하여 밀양에 있는 회사를 찾아갔다. 동짓달 추위는 꽤나 매서웠다. 그때 나의 뇌리에는 오직 학회를 반석 위에 올리겠다는 일념뿐이었다. 서승정 사장을 만나 진솔하게 방문한 용무를 말씀드렸다.

"학회의 역사가 일천하여 현재는 운영에 어려움을 겪고 있습니다. 그러나 수많은 대학의 능력 있는 교수진과 국책 연구소의 연구진이 적극 참여하고 있기 때문

학회 이사회에 참석한 서승정 사장(가운데 필자 옆)

에 발전 가능성이 무궁무진합니다……."

나는 열정을 다하여 학회의 비전을 제시한 후 정중하게 학회의 부회장으로 추대하겠다는 뜻을 밝혔다. 그런데 서승정 사장은 완곡하게 예를 다하여 거절하셨다. 몇 번이나 더 간청했지만 허사였다.

한 가닥 희망을 가지고 찾아갔다가 아무런 성과도 없이 돌아오는 길은 맥이 풀렸다. 마음은 착잡하고, 몸은 물 먹은 솜처럼 무거운데 날씨는 또 왜 그렇게 춥기만 하던지…….

2001년 1월 초 지리산 산동온천에서 학회 신임 집행부가 모임을 가졌다. 신년 사업계획 발표 및 학회의 발전 방향을 모색하기 위한 회담이었다. 그런데 회의 도중 뜻밖의 인물이 회의장에 모습을 드러냈다. 서승정 사장이었다.

서승정 사장을 보는 순간 내 마음이 환하게 밝아졌다. 이윽고 그가 참여한 이유를 밝혔다. 내가 회사를 방문했을 때 그냥 돌아가게 한 후 생각을 많이 했다면서 담담한 어조로 말을 이었다.

"그날 신현식 교수님의 학회에 대한 열정과 간곡하고 진솔한 요청에 감명을 받았고, 겸손한 학자라는 확신이 생겨 학회에 참여할 결심을 하였습니다. 내가 학회에 얼마나 도움이 되겠습니까마는 도울 일이 있다면 열심히 돕겠습니다."

그 자리에서 서승정 사장은 학회 부회장직을 수락하신 후 저녁식사대와 금일봉을 주시고 밤늦게 부산으로 떠났다.

그 후 학회의 숙원이던 학회 사무실과 집기 일체를 마련해 주셨고, 사무국장의 매월 임금을 지급해 주었을 뿐만 아니라 학회 발전을 위해 매년 지원과 후원을 아끼지 않으셨다.

든든한 후원자를 만난 나는 힘을 얻어 학회의 지평을 넓히기 위해 최선의 노력을 경주할 수 있었다. 학회의 발전하는 모습과 향후 계획을 치밀하게 작성하여 요로에 제출하는 한편 정보통신부 등 정부의 관련 기관을 방문하여 매년 2,000여 만 원에 달하는 금액을 학술 연구비로 지원받게 되었다. 또한 한국학술진흥재단 등재후보지 선정, 한국과학기술총연합회 회원 단체 가입 등으로 명실상부 대한민국 유수의 학술 단체 중 하나로 위상을 정립했다. 현재 한국해양정보통신학회는 2000여 명의 회원이 활발하게 활동하고 있으며(논문지 연 8회 발행, 영문 논문지 4회 발행, 학술지 연 2회 발행, 학술대회 연 2회 개최 등), 미래를 대비하여 외국의 유명 학술 단체와 자매결연 및 학술 교류 등도 추진하고 있다.

학회의 발전과 도약에 지대한 공헌을 하신 서승정 사장께서 2005년 4월 애석하게 유명을 달리하셨다. 진심으로 사장님의 명복을 빌며, 앞으로 학회를 더욱 발전시켜 그 은혜에 보답코자 하며, 대양전기공업주식회사의 무궁한 발전을 기원한다.

2005. 7. 25

제 3 부

Letter

불과 십수 년 전만 해도 마음을 전하는 보편적인 수단은 편지였다.
손으로 직접 백지 위에 써내려간 편지에는 보내는 사람의 진솔한 마음이 담겨 있었다.
그 마음들이 너무 아름답고 소중하여 나에게 배달된 편지를 고스란히 간직하고 있다.
첫사랑의 편지, 36년 동안 교직에 종사하면서 제자들에게 받은 수많은 편지……

추억을 남기고 물같이 흐른 세월의 굽이굽이를 편지를 통해 회상해 본다.

하루 종일 선생님 생각만 했어요

선생님!

안녕?

무사히 도착하셨다는 보고를 받기 위해 제가 먼저 편지를 해야 될 것 같아서 편지를 쓰긴 쓰는데 우리 집 주소를 모르는 거예요. 잠시 후에 전화라도 해 봐야겠군요.

어제는 하루 종일 선생님 생각만 했었어요. 무슨 생각을 그리 했느냐구 묻고 싶지 않으세요? 지금 말씀드릴 수 있는 건 선생님이 하신 생각을 저도 했을 것이라는 미묘한 대답을 드릴 수밖에 없어요. 다음에 선생님 만나면 이야기할 거예요.

지금도 제 자신이 미워요. 왜 솔직하지 못할까? 이건 그 조그만 자존심 때문만은 아닐 텐데, 아마 제가 부끄러워서 그런가 봐요. 차차 그런 것도 고쳐지겠죠. 걱정은 안 해요. 헌데 선생님께서 말씀 안 해주시는데 제가 알면 안 돼요? 수술하셨던 일 말예요.

아니 말씀 안 하셔두 괜찮아요. 그냥 궁금하다는 것뿐이어요. '오래 살려구!' 그런 대답이 어딨어요. 그래서 궁금해 한 것 뿐……. 건강한 모습을 뵐 수 있어 얼마나 기뻤는지 몰라요. 제 눈을 의심했으니까요.

선생님 고마워요. 빨리 완쾌해서 제게 오셨으니 이 이상 기쁜 일 이제 없을 것 같아요.선생님과 함께 있는 동안 집에 돌아가야 한다는 것이 그처럼 싫은 적이 없었어요. 하지만 내일을 위해 돌아가지 않으면 안 되는 걸 잘 알기에 무거운 걸음으로 돌아왔어요.

선생님 지금도 혼자 웃고 계셔요?

애들이 선생님 달라졌다 안 그래요?

피곤한 생활이지만 즐겁게 이루어지길 바라고 싶어요. 그리고 모든 일들이 선생님을 위해 있었으면 좋겠어요.

전 항상 이런 생각을 했어요. 이 세상에 나를 이해하고 알 수 있는 사람은 아무도 없다고……. 해서 매일 꿈을 꾸어요. 이 현실에선 내가 만인들과 어울리지 않는다고 스스로 생각하고 어디론가 갈 수 있는 곳 어디라도 가보리라. 그래서 전에 난 미국을 가겠다고 이야기 했었죠? 이 현실에서 초라해져 가는 나를 보느니 멀리 떠나보내고 싶었던 거예요.

제가 무척 어리석다는 건 알지만 마음에도 없는 많은 일들을 택해 봤지만 제 본연의 자세는 어쩔 수 없는지 모든 게 우습게 되고 말아요. 아직까진 무난하게 살아왔지만 내일에 있을 험한 파도를 어떻게 넘어야 할지 두려워요. 순수한 감정들은 이제 제게서 멀어지고 차디찬 현실만이 나를 고뇌와 번민의 소용돌이 속으로 몰아넣는 거예요. 그래서 항상 불안하고 누군가가 제게 필요하다는 걸 알면서도 이를 부정하고 나를 완전한 인간으로 만들려고 했어요. 그러나 선생님은 그런 제 영혼을 잠시라도 쉴 수 있게 해주셨어요.

가만. 지금 무슨 말을 하고 있는지 알 수가 없지만, 다시 읽지 않고 선생님께 이 편지를 보낼까 해요. 다시 본다면 아마 고쳐 쓰게 될 거예요.

선생님!

하고 싶은 말들이 많으나 다 할 수가 없군요. 제 생각으로 머무를 뿐. 그럼 건강하셔야 해요.

안녕.

1975. 10. 1.
박명숙 올림

경포대 데이트는 정말 즐거웠어요

선생님!

안녕?

3일 동안의 일들을 추억 속에 묻어두기란 긴 아쉬움이 남는데 오늘 이처럼 비마저 내린다는 건 내 약한 감정을 촛불처럼 흔들리게 하는군요. 다른 어느 때보다 기쁜 날들이었어요. 길을 걷고 있노라면 이 작은 길이 끝없이 이어지길 얼마나 바랐었는데…, 되돌아보지 않으면 안 되는 현실에 다만 기다림으로 다할 수밖에 없는 거죠.

선생님!

토요일 오후 경포대 date는 정말 즐거웠어요. 참 제가 한 가지 좋은 것 가르쳐 드릴게요. 숙녀님과 함께 갈 땐 손을 잡고 가보세요. 훨씬 마음이 편할 거예요. 그리고 제게 선생님의 아름다운 Love story를 들려주신 후 섭섭하셨죠? 누구나 다 그럴 거예요. 이제 선생님의 아름다운 비밀을 돌려드리겠어요. 어쩐지 죄스럽고 한편으론 평생 기억하고 잊을 수 없어 하시는 그 추억을 제가 깨뜨리고 싶지 않으니까요.

누구나 사랑할 수 있었다는 그 사실만으로도 아름다운 거예요. 물론 결과도 그대로 따라주었으면 지금처럼 가슴 아픈 추억으로 남지는 않았겠지만….

선생님!

어린 아이들 마냥 덤벙거리는 생활에서 후회하는 것보다 이 가을 후회하지 않는 많은 좀 더 진한 삶을 살아감으로서 갖게 되는 진취성을 기대하며….

안녕!

1975. 10. 27.
박명숙 올림

전교생의 마음속에는 두 줄기 눈물을 안 흘린 사람이 없을 것입니다

신현식 선생님께

깊어가는 어둠 속에 파릇한 교정의 잔디도 불타던 태양도 모두가 지금은 잠들어 있습니다. 그러나 저는 부끄러움과 죄송스러움에 휩싸여 잠 못 이루고 뒤척이고 있습니다.

선생님!

그 동안 안녕하십니까?

저는 선생님의 가르침으로 열심히 공부하고 있습니다. 벌써 서신 올려야 하는데 너무 늦어져서 죄송한 마음 금할 수가 없습니다. 선생님의 넓고 깊은 아량으로 감싸고 보호해 주시던 그 지나간 날을 기억하면서 이번에도 용서를 바라겠어요.

선생님께서 떠나가시던 날 저와 우리 반 급우들, 아니 전교생의 마음속에는 두 줄기 마음의 눈물을 안 흘린 사람이 없을 것입니다. 저와 같이 못나고 바보스러운 놈도 그랬는데, 착한 학생들이야 얼마나 아팠겠어요!

참으로 저는 선생님께서 떠나가시던 날 하시던 말씀이 무척 슬펐습니다. 헤어짐이란 이런 것이구나 하는 생각. 저는 학생들 틈에 끼어서 마음속으로 울고 또 울었습니다.

선생님!

헤어짐이란 곧 만남을 뜻한다는 말 아시겠죠. 저는 마음속으로 이 말을 뇌까리면서 참고 참았습니다. 찬란한 태양도 한밤중에는 헤어져 다음날 아침이면 약속이나 한 듯이 다시 만나는 것처럼 선생님과 저희들은 언젠가는 꼭 만나게 될 것입니다.

선생님 제가 앞으로 졸업해서 대학을 갈지 해외로 나갈지는 지금도 생각 중입니다만, 제가 만약 대학을 간다면 선생님이 계신 여수로 가겠어요. 그래서 못다 배운 교훈을 알뜰히 배워서 미래의 자손들에게 계승할 것입니다. 저번 우리 반에서 마지막 수업 때 찍어주신 도장, 그것은 언제까지나 마음의 등불과 같이 깨끗이 보관할 것입니다.

선생님!

그리고 못다 가르치고 주문진을 떠나신 선생님이야 얼마나 마음 아프셨겠어요? 지금 여수 수산대학에서 낯설고 그런 것 없이 옛날 우리 학교에 있을 때처럼 그렇게 지내시겠지요? 항상 웃음 담긴 얼굴을 하시면서 학생들을 가르치고 계시겠지요?

저는 다시 언젠가는 선생님을 뵈올 날이 올 겁니다. 그때까지 선생님의 가정과 마음속에 항상 행복의 웃음꽃이 피기를 기원하면서 이만 줄이겠어요.

그럼 안녕히 계십시오.

1978년 5월 16일
주문진에서 최일선 올림

옛날의 그 시절로 돌아가고 싶어요

선생님!

어느덧 세원이 흘러 사색의 계절인 가을로 접어들고 있군요.

지난 여름은 즐겁게 지내셨는지 궁금합니다. 저는 선생님의 염려덕분에 맡은 임무를 다하고 있습니다. 먼저 선생님의 안부가 궁금하군요.

오랫동안 소식 드리지 못해 무어라고 사과드려야 할지 송구스럽기만 합니다. 앞으론 종종 소식드릴 것을 약속합니다.

저희들이 선생님 곁을 떠난 지도 벌써 2년이 가까워 오는 걸 보면 나이어린 저로서도 세월의 무성함을 피부로 느끼는 것 같습니다.

그동안 저희들은 사회생활을 하면서 사회의 물정을 보고 익히며 학교에서 배운 지식들과 현재 생활과의 연관성을 찾으면서 보다나은 내일을 위해 매진하고 있습니다.

그동안 저희들은 신체적으로나 정신적으로 많이 성장했다고 저희들대로 자부하면서 이렇게 성장할 수 있도록 밑거름이 되어주신 선생님의 노고에 깊은 감사를 드립니다.

선생님!

흘러가버린 학창시절이 지금은 모두가 그립고, 다시는 되돌아 갈 수 없는 흘러가 버린 옛일이라고 생각하면 못내 아쉬운 일들이 한 두가지가 아닙니다. 면허시험을 대비해 혹한을 무릅쓰고 저희들을 위해 밤을 세우며 지도하시던 일...

한번 계획한 일은 오직 의욕과 집념으로 강행군 하

시던 일…

특히 잘못을 저질렀을 때는 매정하게 매를 들고 바로 잡으시던 일…

언젠가 한번은 저희들이 선생님을 괴롭게 해드려서 입술을 깨물며 “수어지교” 란 의미심장한 말씀을 하시던 일 등등이 아련히 뇌리를 스칠 때는, 물결처럼 흘러간 일들이 머리를 맴돌 때는 숙연해 지곤 한답니다.

선생님!

다시 옛날의 그 시절로 돌아가고 싶습니다. 항상 선생님을 마주보며 동고동락 할 수 있는 옛날의 그 시절로 말입니다. 학창시절에 못다 한 이야기와 못다 한 일, 못다 맞은 매등을 찾으러 가고 싶습니다.

오랜만에 이렇게 펜을 들고 있노라니 항상 저희들을 감싸주시며, 자식같이 돌봐주시던 자상하신 모습이 눈에 선합니다.

지금은 이렇게 떨어져 있지만 항상 전과 같이 아껴주시고, 꾸짖어 주시고 서신으로나마 알찬 배움과 지도편달을 바랍니다. 그럼 끝으로 선생님의 결혼을 늦게나마 진심으로 축하드리며 선생님의 가정에 항상 행복과 웃음이 함께 하시길 비옵니다.

환절기에 건강에 유의하십시오.

이만 줄입니다.

1976년 9월 20일 서울에서

홍 순 익 올림

어느 제자의 이야기

신현식 교수님께

얼마 전 인천에 간 일이 있습니다. 망망대해를 바라보며 제 인생에 있어서 한 부분을 차지하는 여수를 문득 생각하다가 교수님의 안부를 묻습니다.

그동안 안녕하셨는지요? 교수님의 잔잔한 미소를 생각하며 교수님 밑에서 조금이라도 수학했다는 자부심과 학창 시절에 깨우침을 얻지 못함을 후회하며 펜을 듭니다. 선생님 건강은 어떠하신지요?

학창 시절 중 교수님은 결코 잊을 수 없습니다. 처음에는 교수님의 성격이 강직하시고 또한 진리를 탐구하시며 매사 열과 성의를 다하시는 빈틈이 없으신 교수님이 대하기 어렵고 무서웠는지 모릅니다. 그러한 교수님에 대해 선배들은 꾀나 많은 문안편지를 보내는 사실을 교수님이 자랑 삼아 하시는 말씀을 듣고, 또 책을 출판하셨을 때의 의아해하였지만 지금은 충분히 이해할 수 있으며, 모든 이의 가슴 속에 감사하는 마음이 있는 한 결코 잊을 수 없을 것입니다.

교수님의 그러한 교수법은 이 암담한 세상을 살아가는데 있어서 결코 아부나 진리 아닌 모순 혹은 충분한 대가나 노력 없이는 아무 것도 얻을 수 없다는 평범한 진리를 깨우쳐주신 것입니다. 이젠 그 깨우침을 바탕삼아 지금부터라도 분주 노력하리라 맹세합니다. 저의 동기(21기)들의 소식을 전하고자 합니다.

교수님도 아시겠지만 꽤 많은 동창들이 배에 승선하고 있습니다. 삼수, 성욱, 정성호, 영일, 강훈, 근홍이를 비롯하여 10여 명 남짓이 종종 교수님의 문안을 여쭙기도 합니다.

삼수는 6월이 귀국 예정이라고 얼마 전 연락을 받았으며, 성욱이를 비롯한 몇몇은 6월, 그리고 이번에 출국한 강훈이는 10개월 후에야 귀국한다 합니다. 이곳 서울도 몇몇의 동창이 직장생활을 하고 있습니다. 재덕이는 현재 기상청 개발실에서 근무 중인데, 현재 야간근무가 많다고 하여 검찰청으로 옮기리라 생각합니다. 또한 남기는 현재 인광토건(주) 통신실에 있습니다만 얼마 전에 현장소장으로 발령이 되어 안양에서 95년 공사 완료까지 있으리라 생각됩니다. 또한 기억하실는지 모릅니다만 용철이라고, 저와는 고등학교 동창입니다만 학업을 계속하지 못하고 중도에 그만둔 용철은 몇 년 동안은 자동차 부품공장에서 기술을 배운 후 얼마 전 경기도 덕소에다가 대리점을 내며 열심히 생활하고 있습니다.

이 모두가 사회에서 열심히 일할 수 있는 것은 교수님의 진정어린 보살핌 때문이 아닌가 생각됩니다. 대단히 감사합니다. 저는 91년 4월 초에 제대하여 리라공고 전산기과에서 강사 생활을 12월 말까지 하다가 본인의 생각으론 좀 더 안정되고 자아 발견을 할 수 있는, 즉 제가 노력하면 그 직장에서 인정받고 또 평생 직장이 되리라는 생각으로 김포공항 관제실(기획조정실)에 응시하여 현재 발령을 기다리고 있는 실정입니다.

발령이 나면 이제부터라도 교수님의 깨우침을 교훈

삼아 타 대학이라도 응시하여 계속 학업에 정진하리라 생각합니다. 요즘은 날씨의 기온차가 심하다고 느껴집니다. 특히 감기에 걸리지 않으시도록 각별히 몸을 보살펴 주시옵고, 진정 교수님이 그리워질 때면 찾아뵙지 않고는 못 견디리라 생각합니다. 그럼 그때까지 안녕히 계십시오. 아울러 김천석 교수님께도 안부 부탁합니다.

1992. 2. 11.
88년 8월 졸업생 송정호 올림

자랑스러운 교수님

꽃의 향기가 물씬 풍기는 싱그러운 봄입니다.

아침저녁으로 날씨가 쌀쌀한 가운데 교수님 건강은 어떠신지요?

대학교 3년을 다니면서 교수님처럼 훌륭하신 분을 찾기가 힘들었습니다. 수업 시간에 저희에게 중 · 고등학교 식의 공부가 아니라 직접 참여하고 보고 듣는 식의 수업을 들으니 이래서 대학교 교육을 꼭 해봐야 하는 이유구나… 하고 생각했습니다. 사회생활을 원만하게 해 나갈 수 있는 밑거름인 것 같습니다. 대학 생활을 하면서 물론 공부가 중요하지만, 대인관계 또한 중요한 것 같습니다.

교수님 같은 훌륭한 분을 뵙게 되어 영광으로 생각합니다.

제가 여수대학교에 온 것도, 전자통신공학과에 온 것도 다 교수님 같은 분을 만날 행운이었나 봅니다.

항상 학생들의 마음을 배려해 주시는 교수님의 모습은 모든 사람들이 존경할 만합니다.

학생들의 대학 졸업 후 취업까지 생각해 주시는 교수님이 계셔서 감사할 따름입니다.

언제나 변함없는 교수님이 되시고, 저희들이 항상 교수님 뒤에서 교수님을 응원한다는 것을 기억해 주시기 바랍니다.

곧 여름이 다가오는데, 환절기 감기 조심하시고, 행복한 일만 가득하시길 바랍니다.

교수님, 사랑합니다.

2005. 4. 20 이현옥

항상 미소 짓는 얼굴

교수님

최대한 공부를 한다고는 했는데 여기까지 쓰게 되었습니다.

어제 밤을 새워 정말 열심히 했는데 도저히 생각이 안 납니다.

신현식 교수님~

3학년 때에도 교수님 수업 듣겠습니다.

2학년, 1년 동안 저희들 가르치시느라고 정말 수고 많으셨습니다. 2학년 때는 그래도 '전파법규' 라는 과목이 있어서 정말 좋았습니다. 저희에게 유용한 정보가 되고 있고 전파라는 것이 어떤 것인지도 아주 상세하게 알았습니다. 처음에는 너무도 생소한 단어들이 많아서 공부하고 이해하는데 조금은 힘이 들었는지 몰라도 지금에 와서는 전자통신 공학과에 와서 2학년 수업의 전공 필수를 배우고 저에게 유용한 지식이 되었다는 게 정말 뿌듯합니다.

이제 곧 겨울 방학에 들어가게 됩니다. 날씨도 많이 추워졌고 겨울이라는 느낌이 확연히 들게 됩니다.

방학이 되면 전파법규를 다시 공부하고 3학년이 되어서 교수님의 수업을 들을 과목도 공부를 저 나름대로 하려고 합니다.

한 학기 동안 가르치시느라고 정말 수고 많으셨습니다. 저도 훌륭한 교수님 밑에서 배울 수 있었던 것이 아주 큰 영광이라고 생각합니다.

앞으로 열심히 하겠습니다. 방학 동안 열심히 할 거구요, 교수님께서도 혹한의 겨울에 건강 유의하시고 항상 웃으시는 얼굴 뵈었으면 합니다.

신현식 교수님, 감사합니다.

2004. 12. 6 김기환

남 모르게 수업이 미워했던 교수님

신교수님께

끝없는 바다에서 몰아쳐오는 매서운 바람만이 잔잔한 바다를 성나게 할 뿐, 오늘도 유유히 넘실대는 바다를 등에 대고, 늘 연구에 전념하시는 교수님의 건강을 빌어보면서, 교수님의 답장에 고맙다는 사의를 표합니다. 바쁘신 와중에도 저에게 용기를 줄 수 있도록 보살피심의 글을 주신 것에 대해 감사의 말씀을 무어라드려야 할지 감히 갈피를 잡을 수가 없군요.

멀리에 있는 제자는 교수님의 넓으신 은혜 덕분에

잘 있습니다.

"하늘이 무너져도 솟아날 구멍이 있다"는 격언 수없이 들어왔지만 교수님의 말씀에는 새삼 새로움이 느껴지는군요. 저에게 솟아날 구멍을 주지 않으셨어도 솟아날 구멍을 찾을 수 있는 용기를 주신 것 같습니다. 자상하신 교수님을 모신 제가 너무 행복한 인간인 것 같습니다.

학년 초, 중반기에는 남 모르게 수없이 미워했던 교수님을 제가 이렇게 호평을 한다는 것이 어색할지는 모르겠습니다만 저희들에게 자상하신 교수님을 어떻게 자랑해야 교수님의 이미지를 그대로 표현할 수 있을까요? 수없이 많이 받은 제자들의 편지를 모아놓으신 교수님을 뵙고 저는 이렇게 생각했었습니다. 나처럼, 현재의 친구들은, 이렇게 신 교수를 미워하는데 졸업생들은 저다지도 많은 편지를 보냈을까?

무엇인가를, 본받을만한 그 무엇인가를 지니신 분이구나" 라고요.

그런데 뒤늦게나마 저는 그 무엇인가를 찾은 것 같

습니다.

"그렇게 해야만 성공할 수 있다."라는 단순하고도 심오한 진리.

"그렇게"란 오직 책만을 공부하고 교수님의 말씀을 들어야 한다는 것 인 것 같습니다.

또 다른 하나는 "집념과 의지"인 것 같군요. 현실적인 학업태도만을 가르치시는 교수님의 교육이념, 그 말씀이 옳다고 인정하면서도 실천하지 못하는 저희가 너무 어리석은 중생인 것 같군요.

아무튼 저에게 용기를 주신 것에 대해 다시 한번 감사의 말씀 올립니다. 그리고 즐겁고 보람된 방학이 되도록 노력하겠습니다. 2학년에 올라갈 수 있다면 더욱 노력하는 대학인이 되렵니다.

몸 건강하시고 하시는 일들이 잘되시기를 빌겠습니다.

1981년 1월 12일 마산에서
정 상 택 올림

첫사랑의 편지

1967년, 대학 3학년에 재학 중이던 나는 학훈단(ROTC) 후보생으로서 군사교육을 받았다. 여름방학 때 충북 증평의 예비사단에 입소했다. 삼복더위가 한창인 여름에 군사훈련을 받는 것은 대단한 인내가 필요했다.

군사훈련에 지친 몸과 마음을 달래준 것은 사랑하는 사람의 편지였다.

흔히 첫사랑은 이루어지지 않는다고 한다. 그렇지만 이제 40년이 지난 지금에서 뒤돌아보면 우리는 모두가 첫사랑의 꿈을 먹고 추억을 되돌아보면 살아가는 것이 아닐까 생각된다.

지금까지 살아오면서 직책에 따라 여러 가지 호칭으로 불리었다. 선생님, 교수, 박사, 소장, 처장, 관장, 회장, 대학원장 등 수많은 호칭으로 불리었지만, 내 이름을 불러준 이름이 가장 소중하게 생각된다.

군사훈련의 힘든 몸과 마음에 위안이 되었던 사랑하는 사람의 편지!

나는 아직도 그 편지들을 소중하게 간직하고 있다. 편지를 보낸 사람의 애틋한 마음을 소중하게 여기기에……, 옛날 제자들이 보내준 한 통의 편지가 오늘의 나를 있게 했다. 또 방황의 시기에 사랑하는 여인들을 만났고, 그때 받은 편지는 이제 그 무엇과도 바꿀 수 없는 소중한 보물이 되었다.

근래에 와서 편지가 차츰 사라져 가고 있다. 생활의 필수품이 되어 버린 전화와 e-mail이 그 역할을 대신하는 편리한 시대가 되었지만, 편지지에 자필로 편지를 쓰던 그 마음과 정성에 비하여 한없이 가벼워진 것만 같아 안타깝다.

편지를 쓰던 시절에는 적잖은 기다림이 있었다. 편

지를 써서 보내고 답장이 오기까지의 여러 날을 문득문득 생각하며 그리워하곤 하였다.

지금도 가끔 추억이 담긴 편지를 꺼내볼 때가 있다. 수십 년이 흘렀지만, 편지의 글귀를 통해 그 시절의 생각과 마음을 느낄 수 있다. 나에게는 너무 소중한 추억이기에 많은 편지 내용 속에서 몇 통만 옮겨 본다. 혹시 본인들에게 누가 될까도 걱정이 된다.

1967년 대학 3학년 학훈단 생도 시절

현!

오늘이 바로 11월 초하루. 낙엽이 진 가지는 더욱 겨울을 재촉하고… 국화꽃은 그 향내를 자욱이 우리 집안을 풍겨주고 있군요.

오늘이 초하루니 내일이면 현의 시험도 끝. 시험을 잘 치루지 못했다고 하니 제가 미안한 감이 앞서는군요.

현! 남은 내일 시험이라도 잘 치루길 영애는 책상 위에 두 손 모아 책들에게 기도드릴게요.

1968년 도봉산에서

현! 오늘이 여행 후 3일째, 아니 만 2틀이 지났군요. 그러나 내 목은 아직도 허스키.

현은 영애의 목소리를 듣고 무척 놀랐겠죠.(미안)

현! 바보라고 말할까요? 살며시… 진실성 있는 바보는 아니에요.

용산역에서… 영애는 그 이상을 어떻게 바라겠어요. 오히려 제가 현에게…

현! 그까짓 일에 대해서 너무 신경을 쓰시면 안돼요

"네…"

전 웃고 있었으니까요.

현! 삶에는 반드시 즐거움과 행복만 있는 것이 아니에요.

그들보다도 슬픔과 고난이 더 많은 삶이 참된 삶이 될 거예요. 현이 그랬잖아요. 미래는, 아니 오랫동안 행군을 하려면 고난이 더 많을 것이라고.

현! 고난 속에서도 웃으며 살면 되잖아요. 전 현을 위해 웃는 소녀가 될지도 모르죠.

현…! 현이 좋아하는 비가 낮에는 내리려고 하더니만 지금은 휘황찬란한 별무리로 하늘을 메우고 있군요. 아마 즐거움의 미래를 위하는 현에게 행복을 안겨

줄려고 속삭이나 봐요.

현! 그럼 또다시 현의 편지 기다리며 오늘은 그만 펜을 놓을래요. 누구나가 말하는 안녕이지만 영애가 현에게 주고 파요.

행복한 미소를 띤 환희의 안녕을…

1967. 11. 1 영애

현!

무척 분주한 생활 속에서의 하루하루가 흘러가고 있군요.

특별히 뛰어난 비결도 없이 흘러가는 무심한 세월이라고 평하고픈 하루.

오늘도 7시가 다되어 서산으로 해는 넘어가고 땅거미가 스칠 무렵 집으로 고된 줄도 모르고 뛰어와 보니 반갑게도 현의 편지가 절 기다리더군요.

현!

현도 영애처럼 바쁘겠지요. 하는 것도 없이 영애는 바쁘기만 하답니다.

11월 11일 개교기념일을 맞이함과 동시에 전시회가 열리고…

그 덕분에 하기 싫은 노래 또 하게 되니, 더구나 짧은 해는 영애의 가슴을 조이고 마는군요.

현! ……… 왜 불렀느냐고요? 그냥 불러 보고파서…

시험을 잘 치렀다니 보잘 것 없는 영애나마 기쁘군요. 우린 또 시험이 시작 되요. 11월 20일 경이라고 선생님께서 말씀하시던데…

이번엔 저번보다 더 잘 치를게요. 저번 성적표도 나왔었고… 또 그것은 이번 토요일까지 제출, 어쨌든 고민 투성이의 성적표!

현!

소복이 쌓인 하이얀 눈길을 따라 걸어 보고픈 마음. 영애도 간절.

전 눈은 참 좋아해요. 비는 싫지만…

그러고 보니 오늘 아침 비가 왔군요. 이제 보니 비가 오면 나에게 편지가 온다는 증거…

언제나 비 올 때면 현의 편지가 잘 들어오더군요.

현은 눈이 좋은가요? 전 눈이 오면 손을 호호 불며 친구들과 걷던 일, 군밤을 까먹던 일, X-mas 이브, 즐겁던 일이 생각나는군요.

현! 즐겁지요, 상상만 해도. 백설의 세계, 즉 은세계를 말이에요.

그러나 그런 즐거움을 맛보자면 슬픔도 뒤따르는 법인가 봐요. 어쨌든 이번 시험부터 생각한 후에…

너무 길어진 것 같은 느낌. 그러나 pen이 놓기 싫어요.

현!

내 편지를 읽을 때, 그리고 잠자리에 들기 직전에만 영애를 생각하고 책을 펼 때나 수업 중, 그리고 etx…그 이외엔 영애를 생각지 마세요.

만약 생각난다면 고개를 흔들어버리면 되잖아요. 현의 말처럼. 실천주의자가 되어야지… 안 그래요?

그럼 언제나 열심히 공부하며 부모님의 훌륭한 아드님이 되시고…

또… 아시겠죠? 다음 말은 xxx xx 건강 and 미소…

그럼 안녕

1967. 11. 8. 밤
영애가 썼답니다. 현에게 말이에요.

언제까지나

1970년 9월에 나는 군에 입대하게 되었다. 늦게 군에 입대하게 된 동기는, 대학 재학 중에 ROTC 7기로 2년차 여름 병영훈련을 받다가 작은 사고로 인해 장교로 임관하지 못하고 졸업 후 사병으로 입대하는 비참한 시기가 있었다.

그때 좋아했던 여인이 헤어지기 싫어 적어준 글월이 항상 마음속에 남아 있다.

언제까지나…

이 세상 다하는 날까지 당신과
함께 있고 싶어요.
그리고, 또 믿어 보고 싶어요.

現
너무나 너무나 보고 싶으면 어떡하죠.
입술을 깨물며 참아야 하겠죠.
먼~ 훗날 당신과 저와의 행복을 위해서요.

現, 미안해요.
가시는 날까지 너무나 많은 괴로움만 끼쳐 드려서
너무도 철부지인 마음에 영이였든가 봐요.
가셔서도 몸 건강하시고
굳은 마음을 가지시고 저의 욕심이지만
영만을 생각하세요.

오늘도 내일도 현의 미소 띤 얼굴을
생각하며 모든 괴로운 시련도 참으렵니다.
안녕!

1970. 9. 14. 서울 석관동 미진다방에서
영아가

나는 적어준 쪽지를 지니고 다니면서 병영생활에서 많은 위로를 받았다.

그리고 논산 훈련소에서 훈련 중에 받은 편지는 너무도 애절한 사연이라 같이 훈련 받던 친구들도 감탄하였다. 그리고 서울로 오기를 애타게 기다린 여인의 간절한 소망이 담겨져 있었다.

기다리는 마음. 바라는 안타까움.
마냥 엉킨 채 또 이렇게 시간이
흘렀나 봅니다.

낙조가 어리어 잿빛으로 물 드린 밤
영이는-
세월의 언덕에서 끝없이 줄지어진
대열 속에 오늘도 또 하나의 그리운
그림자를 찾습니다.

그리도 많은 안타까움이 존재한 마음을
부둥켜…
눈망울에 그윽이 어려진 언어를 모아
하얀 백지 위에 내 마음을 보내옵니다.
입속에서 붉어진 손가락 끝 힘껏 눌러 석자
그립니다.

〈그리움〉
멀고 오지 않을 것만 같은 그리움으로……
진정 바라는 안타까움이 없다고 연상 좌우로
머리를 흔들어 봅니다.
그러나 온 몸을 파고드는 그리움을 어떻게
하랍니까?

現! 용서 하세요.

자주 서신 드리지 못해서요.
그러나 믿었기 때문예요.
변명일랑은 않을래요.

現! 못다 한 못다 한 마음이지만 진하게
타는 마음으로 지금은 공손히 두 손을
모읍니다.
오늘도 당신의 영아는 무엇을 드려야 했습니까?
現!
언젠가 그 날까지 건강하시기를 두 손 모아
기도드리는 마음 한이 없답니다.

당신의 영아로부터
1970. 12. 29

산 넘어

군대에 사병으로 입대하여 보니 동기생들은 모두 중위로 근무하고 있었다.

말로 형용할 수 없는 굴욕감이 밀려들었다. 그런 굴욕감을 꾹 참아내느라고 나에게는 더욱 힘든 병영생활이었다.

그 당시 어렵고 힘이 들 때 자주 중얼거렸던 시 구절이 있었다.

산 너머 저편 저 하늘 멀리
행복이 있다고 사람들이 말하기에
내 벗과 더불어 찾아갔더니
눈물만 흘리고 되돌아오도다.
산 너머 저편 더욱 먼 곳에
행복이 있다고 사람들이 말하도다.

1971. 7. 1.

큰 꿈과 희망을 가지고 ROTC에 자원했었는데 나만이 추락하여 군 생활을 한다는 것이 참으로 가슴 아픈 일이었다.

대학 4학년 여름방학 4주간의 고된 훈련을 마치고 전라남도 고흥의 고향 집에 밤늦게 도착하여 어머니하고 불렀더니, 어머니께서는 맨발로 마당까지 뛰어나오면서 "이제 무사히 돌아 왔구나!" 하고 반갑게 맞이하여 주셨다.

어머니께서는 아들이 어려운 일을 당한 것까지 예측하고 있었다. 몸 건강히 무사히 집에 돌아온 것만으로 좋아하셨다. 나는 입이 떨어지지 않았지만 훈련 중 어떤 일로 장교 임관을 못하게 되었다고 사실대로 이야기 했다. 가족들은 실망한 눈치였지만 어머니는 위로 하면서 걱정하지 말라고 하셨다.

대학 졸업 후 석관동에서 태권도장을 경영하다가 군에 입대하게 되었다.

40년이 지난 지금에 와서 생각해 보니 모두가 꿈 같이 흘러간 추억인데, 그때는 왜 나만 이렇게 시련이 많은지 한탄했었다. 사랑하는 연인도, 성공의 결실도 다 멀어져가고 초라한 군 생활이 나를 너무도 고달프게 했었다. 그 시절 마음을 달래며, 먼 희망을 꿈꾸며 어려움을 극복하기 위해서 외웠던 시 구절이 있었다.

소녀가 찾아와서 묻거들랑 멀리 전선으로
떠났다고 전해주오.
언제 떠났냐고 묻거들랑 방금 떠났다고
전해주오.
말없이 떠났냐고 묻거들랑 아무 말없이
떠났다고 전해주오.
소녀가 슬퍼하거던 그도 눈물 흘리며
갔노라고 전해주오.

소녀가 주소를 묻거들랑 낙엽에 적어
유수에 띄었노라고 전해주오.

1971. 6. 16.

아무리 어렵고 괴로워도 세월은 흘러가게 마련이다. '세월이 약' 이라는 말이 있듯이 아픈 마음도 흐르는 시간 속에 조금씩 치유가 되어 갔다.

군 생활을 마치고 교직에 종사하게 되었다. 새로운 생활이 시작되어 열심히 성실하게 노력한 결과 작은 소망들이 이루어져 큰 꿈으로 변화하였다.

지금은 대학 동기생들 중에 몇 명을 제외하고는 모두가 퇴직하여 생활하고 있다. 그런데 나는 이력에서 보듯이 대학에서 강의와 연구를 하면서 잘 지내고 있으니 참으로 '사람 팔자 시간 문제' 라는 속담이 있는 것 같다.

제 4 부

여행에서 얻은 느낌

백인들이 틈만 나면 웃통을 벗어부치고 뛰고 풀밭에 거의 알몸으로 뒹구는 이유가 멋으로 그러는 것도 아니고 쌍스러워서 그러는 것도 아니다. 햇볕을 쬐지 않으면 곰팡이가 스는 피부를 가졌기 때문이고, 뛰지 않고 운동을 하지 않으면 금방 뚱뚱이가 돼서 생존을 할 수 없게 되기 때문이라고 한다. 살기 위해서 뛰지 않으면 안 되는 것을 알았을 때 우리는 오히려 얼마나 행복한 나라에서 태어났는가를 깨달을 수 있었다.

길이 빛나는 위대한 공적

미국 여행기(上)

11시간 비행, 로스앤젤레스에 도착

김포 공항에서 오후 3시에 미국행 NORTHWEST 비행기에 탑승하였더니 5백여 명의 승객들로 초만원을 이루었다. 마치 인종 전시장처럼 백인, 흑인, 황색인, 키가 큰 사람, 작은 사람, 뚱뚱한 사람, 깡마른 사람 등 말 그대로 천차만별이었다.

난생 처음으로 국제선 거대한 비행기에 탑승하여 미국 태평양 연안의 로스앤젤레스까지 비행한다는 자체가 신기하면서 태산과 같은 걱정이 엄습해 왔다. 여러 해 동안 선박의 해난 사고와 그 틈바구니에 비행기의 추락 사고에 대하여서 많은 자료를 보관하고 있는 나로서는 이 거대한 비행기가 목적지까지 무사히 도착할 것인가가 걱정스러워 잠을 청하려 해도 잠이 오지 않았다.

비행 중에는 땅콩과 음료수, 그리고 저녁과 아침 두 끼를 처음 먹어본 기내식으로 때우고 한국 시간으로 그 다음날 아침에 로스앤젤레스 국제선 공항에 도착하였다. 무려 11시간의 긴 비행 속에 도착하여 공항에서 간단한 입국수속을 마치고 다시 미국의 멤피스(Memphis)로 가기 위해서 두 시간 정도 머물렀다. 날씨는 우리나라의 초여름 날씨처럼 무더웠고, 백인과 흑인들이 각 분야에서 모두들 열심히 종사하고 있었다.

우리나라에서 가끔 백인이나 외국 사람들을 만나면 신기하여 자꾸 쳐다보곤 하였는데, 로스앤젤레스 공항에서는 거꾸로 많은 외국인들이 우리들을 자꾸 쳐다보았다. 마치 다른 세계에 와 있는 이방인처럼 느껴졌다.

로스앤젤레스에서 멤피스까지는 5시간 정도 소요되었다. 비행기에서 내려다 본 미국의 로스앤젤레스에서 멤피스까지의 3시간 정도는 거의가 시뻘건 죽은 땅처럼 보였다.

우리가 미국 지도를 펴놓고 보면 로스앤젤레스, 샌디에이고, 라스베가스, 피닉스, 오클라호마시티, 멕시코의 태평양 쪽은 검붉은 색으로 표시가 되어 있고 그 외의 지역은 푸른색으로 표시되어 있다. 그 시뻘건 죽은 땅이 바로 로키산맥 줄기로써 그 유명한 그랜드캐니언(Grand Canyon)인데, 무려 두세 시간 정도로 비행시간이 소요되는 웅장한 사막과 산악지대이다.

그다음 푸른 초원이 끝없이 펼쳐진 가운데 전원도시가 집집마다 넓은 정원을 소유하고 있는 모습, 이처럼 비행기에서 내려다본 지상은 아름다운 그림의 한 폭이었다.

인류의 발달사 전시한 스미소니언 박물관

멤피스에서 워싱턴주까지는 2시간 정도가 소요되었다. 우리나라와 시차는 약 11시간 정도로써 완전히 낮과 밤이 뒤바뀌어 있었다.

워싱턴주에 도착하고 보니 자정이 가까웠다. 호텔에 여장을 풀고 잠을 청하려고 하니 장시간의 여행 피로에도 불구하고 잠이 오지 않았다. 원인은 시차 관계로 한국에서는 지금 낮으로 한참 활동하고 있을 텐데 갑자기

반대로 활동하니 신체의 리듬이 깨져 깊은 잠을 청할 수 없었다.

그 다음날 워싱턴주 시가에 있는 스미소니언 박물관을 관람하였다. 영국인 스미소니언씨가 기증한 돈으로 건립하였다는 이 박물관은 9개 분야별로 전 인류의 발달사를 전시한 종합 박물관을 비롯하여 항공 · 미술 · 음악 · 조각 · 과학 등 각 분야별로 건립되었다.

1년에 전 세계에서 약 2500여 만 명의 관람객이 찾아온다고 하는데, 전체의 모든 박물관을 구경하기 위해서는 6일 정도의 시간이 소요된다고 한다.

나는 하루 동안에 종합 박물관과 항공, 조각 박물관 등을 보았다. 기억에 남는 것은 세계에서 가장 큰 다이아몬드와 진기한 여러 종류의 모형, 그리고 수억 년 전 사람의 시체가 형성되어 있는 옛 모습 그대로의 형태, 또한 항공박물관에 전시된 라이트 형제가 최초로 만든 비행기, 지금부터 꼭 20년 전에 닐 암스트롱 일행을 싣고 달에 착륙한 아폴로 11호의 모형과 실체도 등이다.

인류의 발달과 더불어 과학 문명의 발달사를 한눈에 볼 수 있도록 만들어진 여러 가지의 행태에서 역사를 중요시하는 미국의 정신을 느낄 수 있었다. 역사를 케케묵은 것쯤으로 치부하는 부류도 있지만, 지혜로운 이는 역사 속에서 배우고 깨달아 현재와 미래에 대한 설계를 세운다.

박물관 앞 잔디밭에서 보이는 미국의 초대 대통령 조지 워싱턴을 기념하기 위하여 50층짜리 워싱턴 타워를 건립하여 미국인들에게 언제까지나 기념할 수 있도록 세워진 탑이 인상적이었다.

제퍼슨 기념관과 국회의사당

워싱턴 대통령은 1774년 제1회 대륙회의에서 버지니아 대표가 되었고, 제2회 대륙회의에서는 독립혁명군의 총사령관이 되었다. 1789년에 초대 대통령이 되어 국력을 하나로 모으는데 노력하였다. 1792년에는 다시 대통령이 되었고, 1796년에 또 당선되었으나 민주주의 전통을 세우기 위해 취임하지 않았다.

백악관과 제퍼슨 기념관, 국회의사당과 링컨 기념관 등 동서남북에서 마주보고 있어 서로를 감시하고 있다는 유명한 기념관과 공공건물은 처음부터 짜임새 있게 설계하여 건설했는지도 모른다.

국회의사당은 70년 만에 건립하였다는데 하원 430명, 상원은 각주에서 2명씩 100명으로 구성되어 있다.

임기는 하원이 2년, 상원이 6년으로써 의사당은 일반인들에게 회의가 있으나 없으나 자유스럽게 공개되었고, 의사당 천정과 벽에 그려져 있는 그림은 어떤 화가가 23년 동안 그림을 그리다가 높은 곳에서 떨어져 사망했다는 슬픈 일화를 가지고 있었다. 하원 회의실과 상원 회의실을 견학하면서 이 평범한 회의실에서 미국의 모든 중대한 국사가 결정된다는 것에 많은 생각들이 교차되었다.

국회의사당 정면에 있는 유명한 국회도서관(American Leadership Conference) 역시 세계에서 가장 많은 장서를 보유하고 있다고 하는데, 한번은 화재로 소실되었다가 어느 대통령이 소유하고 있던 장서들을 기증함으로써 다시 문을 열게 되었다고 한다.

제퍼슨 대통령 기념탑은 인공 호숫가에 우뚝 서 있다. 미국 3대 대통령으로서 링컨 대통령보다 미국인들에게는 더 유명하다고 한다. 그 이유는 미국의 독립 선언문을 초안 작성하였고 버지니아주 헌법을 기초하였으며, 또 그 주에 대학을 설립하여 교육에 이바지하였기 때문이다. 제퍼슨 대통령은 5개 국어를 능통하게 구사할 정도로 박식하였으며 미국 민주주의의 아버지로 불린다.

링컨 대통령 기념관

우리나라에서는 제퍼슨 대통령보다 더 알려진 링컨 대통령 기념관에 가보았다. 링컨 대통령은 미국의 16대 대통령으로서 가난한 가정에서 태어나 자랐다고 한다. 어머니가 일찍 사망하여 계모 밑에서 생활하였는데, 그 부친은 자기를 도와 일하는 것을 좋아했으나 계모가 공부하는 것을 도와주고 헌신적으로 독학할 수 있

워싱턴 링컨 기념관 앞에서

도록 많은 정성을 기울였다고 한다. 그런 계모의 정성으로 독학하여 변호사 시험에 합격하여 1834년 일리노이주 출신 하원으로써 정치 활동을 시작하였으며, 1856년 새로 생긴 공화당원이 되었다.

링컨은 민주주의 사상이 깊어 자유사회 건설, 연방의 통일 다지기, 노예제도 확대 반대, 나아가서 그 폐지에 적극적으로 노력하였다고 한다. 또한 남북전쟁 시 귀족 출신 부인의 동생인 처남 2명은 적군 대장으로써 반대편에 서서 싸우므로 링컨 대통령의 입장을 곤란하게 하였다.

그러나 그는 사심에 이끌리지 않고 바르게 전쟁 수행을 함으로써 존경받는 대통령이 되었으나 부인은 악처로 변하여 가정생활은 퍽 불행하였다고 한다. 1865년 4월 15일 노예 해방의 주역인 링컨은 한 극장에서 암살자 부스의 총에 목숨을 잃었다. 대통령 임기가 총성으로 시작하여 총성으로 끝난 대통령이지만, 오늘날 워싱턴주의 한복판에 위대하게 우뚝 서 있다.

기념관 벽에는 평소 그가 주장했던 자유의 새로운

탄생을 누리게 하라는 '국민의, 국민에 의한, 국민을 위한 정부'가 이 지구상에서 멸망하지 않으리라는 굳은 결의를 다짐하는 글귀가 많은 사람들의 시선을 모으게 했다.

링컨의 임기 중에 남북전쟁은 1861년 4월 12일 남부의 공격으로 전쟁은 시작되었다. 정치 · 경제의 이해가 엇갈린 미국의 북부 주와 남부 주의 전쟁으로써 북부는 산업화되어 보호 무역을 원하고 노예 제도에 반대한 반면 남부는 목화 재배를 위한 자유무역과 노예제도를 고집했다. 또한 새로 생긴 서부 주들은 공산품 수입과 농산물 판매 시장으로써 북부에 기대고 있었다. 이렇듯 남과 북의 대립은 새 주가 생길 때마다 서로의 세력 확장과 관련하여 그것이 노예 주가 되느냐, 자유 주가 되느냐의 문제는 더욱 심해졌다. 이때 노예 제도를 주장하는 버지니아 등 4개의 주가 남부의 편에 들어 11개 주가 되었다. 모든 사람들이 몇 주일이면 끝날 것으로 믿었던 이 전쟁은 미국 전체를 전쟁터로 만들면서 무려 4년이나 끌었다.

존경받는 로버트리 장군과 케네디 대통령

1863년 게티즈버그 전투는 남북전쟁 중 최대의 격전지로써 리 장군이 지휘하는 남부군이 펜실베니아에 쳐들어가 일어난 큰 전투였다. 7월 1일부터 3일까지 계속된 이 전투는 북부군 9만 명과 남부군 8만 명이 싸웠는데 북부군 2만여 명, 남부군 2만 3000여 명의 사상자를 냈다.

1865년 4월 남군의 리 장군이 북군의 그랜트 장군에게 항복함으로써 4년에 걸친 남북전쟁은 북군의 승리로 막을 내렸다. 이 전쟁으로 60만 가량이 목숨을 잃었고 80억 달러라는 엄청난 돈이 쓰였다. 또한 이 전쟁으로 미국의 노예들이 자유를 얻게 되었으며 전 세계의 자유를 바라는 이들이 희망과 자신을 갖게 되었다.

미국의 워싱턴주 국립묘지에 갔을 때 안내자가 했던 말이 기억에 남는다. 그 치열했던 남북전쟁에 진 로버트리 장군은 버지니아주 출신의 유명한 장군으로서, 미국 · 멕시코 전쟁에서 큰 공을 세운 장군이다. 비록 남북전쟁에서 패했으나 군인으로서는 오히려 승리한 북군의 그랜트 장군보다 더 유명하고 미국인들로부터 존경을 받고 있다고 한다. 그 이유는, 그는 분명코 이길 수 있는 전쟁을 참모진이 도착하지 않았다는 이유로 3일이나 공격 명령을 내리지 않아 승리로 이끌 수 있는 기회의 포착을 북군에게 유리하게 해줌으로써 전쟁에 지고 말았다고 한다.

그 후 그는 그의 수십만 평 사유지를 국가에 헌납하여 지금은 워싱턴주 국립묘지로 사용되고 있었다. 가장 좋은 장소에 기념관과 묘가 있었고, 좀 떨어진 아래에는 J.F. 케네디의 묘가 아들딸과 함께 있었는데, 이 지구가 멸망할 때까지 꺼지지 않을 불이 비가 오나 눈이 오나 활활 타오르고 있었다. 사람은 가고 없으나 그 위대한 공적은 리 장군이나 케네디 대통령이나 다같이 미국인들이 자랑하는 인물이라 생각되어지기 때문에 세계의 각 나라에서 날마다 많은 사람들이 찾아오고 있는지 모른다.

남북전쟁에서 패한 리 장군이나 젊은 나이에 임기를 다 채우지 못하고 비명에 간 케네디 대통령이 남북전쟁에서 승리한 그랜트 장군이나 역대 40대 대통령 중 누구보다 존경받고 사랑을 받는 이유를 우리는 다같이 생각해 보자.

1989년 10월《현대 해양》

불야성의 도시, 맨해튼

미국 여행기(中)

흑인, 마약, 환각제, 쓰레기의 뉴욕 거리

워싱턴에서 뉴욕까지는 비행기로 1시간 정도 거리였다. 비행기에서 내려다보니 뉴욕까지는 전체가 야산으로서 전원도시였다. 여수에서 서울보다 더 먼 거리인데, 전체가 대평원 지대라고 한번 생각해 보라! 얼마나 광활하고 넓겠는가?

워싱턴에서는 국회의사당보다 더 높은 건물을 건축할 수 없도록 법으로 규정되어 있어서 별로 고층 건물이 눈에 띄지 않았으나 뉴욕을 비행기에서 내려다보니 도시 전체가 빌딩 숲이었다. 일명 맨해튼으로 불리는 이 도시는 시 전체가 고층 건물로 형성되었으며, 갑부와 거지가 공생하는 도시로써 밤에는 흑인들의 행패가 무서워 야간 출입을 삼가야 했다.

백인들은 낮에 맨해튼에서 장사를 하고 밤이 되면 야외의 전원도시로 모두 빠져 나가고, 가끔 흑인들만 밤거리를 왕래하는 무서운 도시로 변모하고 있었다. 마약, 환각제, 술, 쓰레기, 흑인 등 많은 문제점을 안고 있는 맨해튼이 하루하루를 지탱해 나가고 있는 현실은 참으로 신기하였다.

우리 일행은 맨해튼과 뉴저지주 사이의 섬에 있는 자유의 여신상을 구경하기 위하여 떠났다. 맨해튼 선착장에서 천여 명 이상 승선한 유람선으로 10분 정도의 거리에 있는 섬으로 향했다. 평소 해난 사고에 관심이 있던 나는 유람선의 구명장비에 대하여 살펴보았더니 구명복이 선박의 천장에, 즉 사람들 머리 위에 비치되어 위급할 때에는 언제든지 이용할 수 있도록 되어 있었다.

미국 독립을 기념하기 위해서 1884년 프랑스인이 기증했다는 자유의 여신상은 높이가 46m라고 했다. 가장 높은 꼭대기까지 올라가는 데는 많은 사람들로 인하여

1시간 정도 소요되었다. 350 계단까지는 엘리베이터가 운용되고 있었으며, 그 이상 750 계단까지는 걸어서 올라가야 했다.

맨해튼에서 유람선은 30분에 한번씩 왕복하였는데 관람객으로 인산인해를 이루었다. 가는 곳마다 성조기가 펄럭이는 것이 인상적이었다.

맨해튼에서 두 번째로 높은 건물은 엠파이어 스테이트빌딩이다. 103층 타워(높이 381m)에서 전 시가지를 내려다 본 광경은 실로 장관이다. 매우 독특한 건물들이 자기 나름대로의 특징과 미를 조화하고 있었으며, 대서양의 바다까지 한눈에 들어왔다.

뉴욕 전 시가지가 바둑판처럼 정확하게 줄을 그은 듯 잘 정돈되어 있었으나 많은 사람들과 차량들이 무질서하게 통행하는 모습은 그렇게 자랑스럽게 생각되지는 않았다.

103층 타워까지는 10여 개 이상의 엘리베이터가 교대로 많은 관광객을 실어 날랐으며, 중간에 2번 정도 바꾸어 타야만 103층까지 올라갈 수 있었다. 이 빌딩은 우리나라의 63층 빌딩처럼 관광 명소로 유명하며 입장료는 3불씩 받고 있었다.

맨해튼에서 가장 높은 건물은 자유의 여신상의 선착

장에서 가까운 세계무역센터인 쌍둥이 빌딩으로써 106층(높이 412m)건물이라 하였다.

다음에 우리는 유엔 빌딩에 있는 유엔 본부에 가보았다. 유엔 본부에는 가입된 국가의 국기만 유엔 빌딩 앞에 일렬로 게양되어 있었다. 광장에는 권총 모양의 조형물이 있었는데, 총부리가 새끼줄처럼 묶여 있었다. 그 이유는 세계의 모든 국가가 전쟁을 싫어하는 의미에서 총을 쏘지 못하도록 하기 위해 상징적으로 표현할 것이라 한다. 유엔 빌딩 지하실에는 세계 각국의 국기, 우표, 기념품을 판매하고 있었다.

노동자가 대학교수보다 수입이 많아

미국의 초등학교는 한 학급당 16~18명 정도인데 담임 한 명, 보조교사 1~2명씩 배정되어 있고, 전체 학생 수는 150명~160명 정도로 건물 한 곳에 초라하게 자리잡고 있었다. 우리나라나 일본에서는 학교 건물이 가장 눈에 잘 띄곤 하지만, 미국에서는 모든 학교가 어디에 있는지조차 알 수가 없었다. 그 이유는 마을마다 작은 학교가 존재하고 있기 때문이다.

모든 학교는 세금의 납부로 운용되며, 고등학교까지

수업료는 물론 책값 등 모든 것이 무료로써 일체 학비는 납부하지 않는다. 공립학교는 학군제를 실시하고 있다. 학생 수의 수준차가 심하므로 공부를 잘한 학생은 명문 중학에 시험을 치르고 진학할 수 있으며, 비율은 200명 모집에 3000명 정도가 응시한다고 한다. 교육 내용은 개근상도 없고 결석을 자주 해도 아무런 지도가 없으며, 부모나 선생님이 성적에 전혀 신경을 쓰지 않는다고 한다.

그러나 사립학교는 철저히 공부를 시킨다고 한다. 하지만 한국처럼 치맛바람이 전혀 없으며, 돈 봉투를 건네주면 반드시 받지 않고 반환하며 20불 이상의 비싼 선물도 받지 않고 학생 편에 돌려보낸다고 한다.

미국의 모든 중학교 이상의 여학교에는 학생들이 아이를 낳으면 학교 자체에서 탁아소 시설을 설치하여 아이들을 돌보아 주고 있다고 한다. 실제로 내가 어느 대학원에서 견학 도중 지하실 어떤 방에서 꼬마들과 보모들이 같이 놀고 있었다. 학교에 꼬마들이 상당수 있어 안내자에게 물어 보았더니, 재학 중인 학생들이 낳은 아이들이라고 하였다.

미국에서는 일부 흑인 문제를 가장 큰 골칫거리로 여기고 있다. 일부 흑인들이 왜 살아야 하는지 하는 가치관이 없기 때문에 마약과 술로 허송세월을 보낸다고 한다.

미국은 사회보장제도가 잘되어 있어서 실업자에게는 실업 수당을 월 500불 정도, 또 자녀를 1명 출산하면 수당이 350불, 2명 출산하면 500불, 그리고 경로수당 등을 지급하고 있다. 일부 흑인들은 이런 사회보장제도에 매달려 일은 하지 않고 그 수당으로 최저 생활을 해 나가면서 부족한 돈은 강탈 등으로 충당하기 때문에 심각한 사회 문제가 되고 있다고 한다.

노동자의 한달 수입은 6,000불에서 1만 불 정도이며, 교수는 3,000~5,000불 정도의 수입을 올린다고 한다. 지식인보다는 노동자의 수입이 많기 때문에 구태여 열심히 공부를 하지 않아도, 또한 좋은 대학에 진학하지 않아도 먹고 사는데 아무 지장이 없을 것 같았다. 또한 사회보장제도가 잘되어 있어 실업자에게는 실업수당까지 지급하는 미국의 사회 제도가 부러우면서도 걱정스러웠다.

센트럴 파크에서 일광욕을 즐기는 반라의 백인들

맨해튼의 수많은 빌딩에 사무실은 수없이 많다. 그

러나 세계 각국에서 모여든 지사나 대리점 설치로 현재 부족한 실정이라고 한다.

빌딩 숲을 이룬 맨해튼은 이 지구상에서 가장 살기 좋은 도시이면서도 일부 흑인들로 인해서 많은 문제점을 안고 있었다. 또한 황인종도 대접받지 못하고, 오직 눈알이 파란 백인만이 인간 대접을 받는 곳이었다. 그래서 황색 인종들은 더 흰 살결을 유지하기 위하여 점점 깜깜한 구석으로 찾아드는 서글픈 일도 있다고 한다.

맨해튼의 한 중심가에 '센트럴 파크'라는 세계에서 가장 큰 공원이 자리 잡고 있다. 그 공원에는 동물원, 경기장, 하이킹 코스 등이 있으며, 백인들은 푸른 잔디 어느 곳에서나 팬티 차림으로 일광욕을 즐기며 육체를 마음껏 자랑하고 있었다. 소비를 미덕으로 생각하며, 모든 물품이 일회용으로 사용되고 있었다.

웨스트포인트는 우리가 알고 있듯이 미국 육군사관학교이다. 뉴욕 근교 허드슨 강변에 자리 잡아 워싱턴 장군이 미국을 지킬 수 있는 인재 양성의 목적으로 1810년 개교하여 현재 4500명의 학생이 재학 중인데, 한국계 학생도 15명이 수학하고 있다. 이중 450명이 여학생이다. 사관생도는 명예, 의무, 국가라는 세 가지 교훈을 목표로 하여 반드시 한 가지 이상의 특기를 가져야만 졸업할 수 있었다고 한다.

한국 전쟁의 영웅인 맥아더 장군이 4년 동안 올 A학점을 받았다고 하는데, 지금까지 맥아더 장군의 성적을 앞지른 사람이 없다는 일화는 유명하다. 맥아더 장군의 일화는 여러 가지 전해지고 있다. 맥아더가 육사 재학 시절 아침저녁으로 행해지는 하기식 때마다 발포하는 대포가 있었는데, 하루는 이 대포가 옥상 꼭대기에 올라가 있었다. 학교 당국에서는 깜짝 놀라 조사해 보니, 맥아더를 비롯한 3명의 동기생이 한밤중에 그 무거운 대포를 건물 옥상까지 올려놓았다고 한다. 맥아더와 동기생 3명은 학칙에 따라 처벌은 받았으나 어떻게 그 무거운 대포를 옥상까지 운반했는지의 비결을 죽을 때까지 밝혀지지 않았다고 한다.

맥아더가 미 육군사관학교 사상 가장 우수한 성적으로 졸업하여 하급 장교로 근무할 당시 루즈벨트 대통령은 수시로 맥아더를 불러 국가의 모든 일에 대하여 의견을 물었다고 한다. 그러던 중 한번은 맥아더가 루즈벨트 대통령에게 “왜 하필 하급 장교인 나를 불러서 물어 보십니까?" 하고 질문을 하니 루즈벨트 대통령은 "귀관의 소리는 미국 국민의 소리를 듣는 것 같다."고 답변했다고 한다.

또한 트루먼 대통령은 맥아더 장군을 계속 견제했다고 한다. 그러자 맥아더 장군은 트루먼에게 이렇게 말했다고 한다.

"저는 직업군인입니다. 저를 의식할 게 아니라 아이젠하워 장군을 의식하십시오."

그 후 맥아더의 예상대로 아이젠하워가 미국 대통령에 당선되었다. 맥아더 장군은 예리하게 앞을 내다보는 인물이었던 것 같다.

여행 중에 들은 안타까운 이야기도 있다. 알래스카 근해에 유조선이 침몰하여 바다가 오염되었는데, 앞으로 10년간은 모든 수산물은 먹을 수가 없고 가공할 수도 없는 엄청난 피해를 입었다고 한다.

잉어는 우리나라 잉어의 몇 배 정도로 컸다. 알래스카 근해에서 7마리만 낚시로 잡을 수 있는데, 그 이상 잡을 때는 벌금을 몇 백 불씩 징수하면서까지 수산 자원을 보호한다. 또 미국의 3개 주에서 재배한 농산물로 전 미국 지역의 식량 확보가 가능하다고 하며, 외국에

수출까지 한다고 하니 부럽기 그지없었다.

대륙 횡단에 시간이 네 번이나 변경돼

뉴욕에서 며칠 동안의 관광을 마치고 라스베가스로 떠나게 되었다. 뉴욕 디트로이트에 도착하여 두 시간 정도 휴식을 취하였다.

디트로이트 공항은 미국 내에서도 큰 공항이라고 한다. 50여 개의 게이트로 연결하기 위해서는 전동차가 사람을 실어 나르는 것이 인상적이었다. 50개의 게이트에 A에서 E까지의 블록이 나눠져 있는 엄청난 크기의 공항을 거치면서 서투른 영어 때문에 애를 먹기는 했지만 크게 문제되지는 않았다.

디트로이트 시에는 자동차 공업이 발달되어 비행장 곳곳에는 자동차 부품 전시장이 설치되어 있고, 미국의 어느 도시보다 모든 사람들의 복장이 가장 단정해 보였다.

라스베가스 시까지 가는 비행기는 300여 명이 탑승한 거대한 국내선 비행기이다. 미국 안을 비행하는 이 비행기의 구명 안내문 안에는 영어, 불어, 일본어, 한국어, 중국어가 쓰여 있었다. 그러나 어느 곳에서나 일본인 관광객들을 만날 수 있었으며, 호텔이나 비행기에는 항상 영어와 일본어가 같이 표기되어 있었다.

미국은 너무도 땅이 넓기 때문에 대서양에서 태평양 연안까지, 그러니까 동부에서 서부까지 또는 서부에서 동부까지 대륙 횡단을 하는 동안 시간이 네 번 바뀐다. 예를 들어 동부인 워싱턴 D.C나 뉴욕에서 대륙 횡단을 해서 LA나 샌프란시스코로 간다고 할 때, 처음 출발하는 동부는 이스턴 타임존(Eastern time Zone)이라고 해서 아침 9시인데, 미네아폴리스나 캔사스 또는 달라스는 중부, 즉 센트럴 타임존(Central time Zone)이라고 해서 8시밖에 안되는 것이다. 그런데 같은 시간에 로키산맥이 있는 서중부, 예를 들어 엘파슨 지상 같은 곳에서는 7시인 것이다. 그러나 로키산맥을 넘어 서쪽 해안으로 가면 패시픽 타임존(Pacific time Zone)이라고 해서 6시인 것이다.

디트로이트 공항에서 다리가 불편한 지체부자유자를 리프트카로 흑인들이 싣고 가는 것을 보았다. 이곳 저곳 유심히 살펴보니 화장실, 공중전화부스, 그 외의 어느 곳이나 반드시 지체 부자유자를 위해 시설을 이중으로 해뒀거나 그들의 편의를 위한 시설을 해두었다. 그런 것은 우리나라도 꼭 배워야 할 교훈이라는 생각이 들었다.

너무 돈을 밝히는 것 같은 아쉬움 남아

지루한 여행 끝에 라스베가스 비행장에 도착하였다. 지루한 여행이라고 표현했지만, 사실 대륙 횡단의 미국 비행기 안에서는 지루할 틈이 없이 음료수, 땅콩 등을 간식으로, 또 끼니때가 되면 어김없이 먹을 것을 줘서 조금도 입을 쉬지 않게 만들었다. 비행기 내의 시중을 드는 스튜어디스 중 오히려 젊은 스튜어디스보다도 늙은 스튜어디스가 많았는데, 이들은 스튜어디어스인지 식모인지 알 수 없을 정도로 음식 시중에 아주 열심이었다.

지루함을 덜기 위해 술을 한 잔 하려면 3달러를 지불한다. 그러면 아주 작은 병에 담아진 위스키를 가져다 준다. 또 비행 중 영화를 상영하는데 그 영화를 보기 위해서는 3달러를 주고 리시버를 구입하여 보아야 한다. 이런 사실들에 그들은 너무 돈만 밝히는 것 같아 아쉬웠다.

1989년 12월 《현대 해양》

물질의 풍요와 부등식을 이룬 정신문화

미국 여행기(下)

사막에 일궈낸 초원의 도시, 라스베가스

디트로이트에서 라스베가스까지는 5시간 정도 소요되었다. 라스베가스로 오는 도중 비행기 안 옆 좌석에 미국인 예쁜 아가씨가 2명이나 앉아서 여행하는데 즐거웠다. 디트로이트에 살고 있다는 그녀들은 한 아가씨의 스물한 번째 생일을 축하하기 위하여 샴페인을 사가지고 라스베가스로 가는 길이라 하였다. 바로 옆 좌석에 앉아서 얘기를 주고받았는데, 눈알은 파란 유리알

같이 맑게 보였으며, 팔다리 등에는 잔털이 송송히 나 있었고, 살결이 마치 닭살처럼 생겨 곱지 못한 게 흠이었다. 백인의 살결보다도 오히려 흑인의 살결이 더 보드랍다고 한다.

라스베가스라는 뜻은 '초원의 도시' 라는 뜻으로 사막의 한복판에 인공적인 도시를 건립하였다. 기온은 보통 45℃를 오르내리는 무더운 날씨인데, 다만 습기가 없어 건조한 편이다. 면적은 28만㎢으로써 남북한의 1.5배이고, 인구는 70만 정도이다. 70% 이상의 인구가 호텔 안에서 근무한다고 하는데, 도박장 수만도 200여 개에 달한다. 그래서 '무희들의 도시, 스타들의 도시, 도박꾼들의 도시' 라고 일컫는다.

저녁 늦게 도착하여 시내의 번화가를 돌아보니 불꽃으로 온 도시가 대낮처럼 밝았다. 곳곳마다 즐비한 도박장은 초만원을 이루었다.

우리 일행은 객실 3200개의 거대하고도 웅장한 힐튼 호텔에 여장을 풀었다. 아침에 힐튼 호텔에서 전 시가지를 바라보니 스프링클러가 잔디와 수목에 물을 주고 있는 모습이 보였다. 세계에서 제일 큰 인공 댐인 후버 댐에서 식수와 생활용수를 끌어와 전 시가지의 풀과 수목에 하루에 한번 이상씩 물을 주어야만 잔디와 나무가 살아갈 수 있는 환경이었다. 그 척박한 사막에 화려한 도시를 만들고 유지시키는 그 광경에서 마치 이스라엘이 사막에 국가를 건설한 것처럼 미국인의 개척 정신을 엿볼 수 있었다.

환락과 도박의 도시, 관광의 도시, 사막의 도시, 모래 위에 건설된 라스베가스에 한국인도 5000여 명이 살고 있다고 한다.

그랜드캐니언

시뻘건 흙탕물이 흐르고 있는 콜로라도 강

다음날, 미국의 국립공원 그랜드캐니언 공원을 구경했다. 9명씩 탑승한 경비행기를 타고 갔는데, 그곳까지는 약 1시간 정도 소요되었다. 날씨는 무척 무더웠지만, 난생 처음 타는 경비행기는 후버댐과 그랜드캐니언의 상공을 이리저리 누비며 몸이 오싹할 정도로 곡예비행을 했다. 실로 드넓은 대륙이었다.

경비행기에서 내려다보이는 후버댐의 광경은 장관을 이루었고, 해발 2500m로 이루어진 그랜드캐니언의 모습은 조물주가 만든 최대의 걸작품이었다. 20만 년 전에 활화산이 폭발하여 미대륙 생성 후 90년 만에 한 탐험가에 의해서 발견되었다.

그랜드캐니언은 1919년 미국 국립공원으로 지정되었는데, 하루에 1만 5000명 정도의 관람객이 찾는다고 한다. 사막에는 19~30m크기의 소나무와 노가지나무로 울창한 숲을 이루고 있으며, 가장 오래된 소나무의 수명은 1500년 된 것도 있다고 한다.

모든 지역이 해발 2300~2500m 정도로 형성된 사막의 한 중심에는 인디안 부락이 자리 잡고 있다. 현재는 250~300명 정도가 살고 있다고 한다. 이들은 연방 정부에서 현대적 건물을 지어 입주시켜 자작 농사인 감자, 콩, 옥수수 등의 주식을 경작하고 있으며 아리아나 주에도 2만 명의 인디언이 살고 있다고 한다.

이 지구상에 이렇게 신비하고 오묘한 곳이 있을 것이라고는 보지 못한 사람은 상상도 못할 것이다. 끝없는 사막과 화산의 폭발로 인하여 자연스럽게 만들어진 많은 봉우리들과 그 중심으로 흐르는 콜로라도 강 줄기는 멕시코만까지 연결되어 있으며, 물 색깔은 매일 변한다고 한다. 우리가 구경한 날은 시뻘건 흙탕물이 흐르고 있었다.

연간 수입 80%를 어린이를 위해 쓰는 디즈니랜드

그 다음날 라스베가스에서 로스앤젤레스 국제공항에 도착하였다. 로스앤젤레스 공항의 연간 이용 승객은 428만 명으로서 7개의 국내선과 1개의 국제선을 비롯하여 76개의 항공사가 밀집해 있었다. 로스앤젤레스 날씨는 시원하고 보통 18℃를 오르내리는 한국의 봄과 가을 날씨와 흡사하여 사람이 가장 살기 좋은 날씨라고 한다.

로스앤젤레스는 서울시를 11개 정도 합친 면적이고,

인구는 850만 명 정도라 한다. 모든 호텔의 필수적인 요건은 정수 시설이 철저해야 하며, 그 다음으로는 주차 시설이 완벽해야 한다고 한다.

로스앤젤레스에는 항공, 전자, 운수, 자동차 산업이 발달되어 있으며, 롱비치와 할리우드, 디즈니랜드가 유명하다고 한다. 우리 교포도 35만 명 정도가 살고 있는데, 불법 이민까지 합치면 80만 명 정도라고 한다.

LA에서 뉴욕까지는 버스로 일주일이 소모된다. 요금 또한 비행기 요금보다 비싸며, 중간에서 운전기사를 바꾸어 가면서 고속도로를 운행한다고 한다.

건조한 사막 지역으로써 자연 혜택을 못 받아 연간 400mm 정도의 비가 내리고, 지진지역이기 때문에 높은 건물을 지을 수가 없다고 한다. 또 모든 건물은 나무로 짓는 것이 특징이라고 한다. 나무로 짓는 이유는 지진의 대비책이라고 하며 눈(雪)을 볼 수 없는 것이 특징이기도 하다.

그 유명한 디즈니랜드는 어린이들의 천국이다. 월트 디즈니가 많은 사람들의 반대를 무릅쓰고 어린이들을 위하여 꿈과 환상의 공원을 건립했다. 해마다 세계 각국에서 많은 관광객들이 구경하기 위해서 모여드는데, 연간 수입의 80%를 어린이들을 위하여 사용한다고 한다. 한 가지 특이한 사실은 디즈니랜드 놀이 시설의 면적 9만 7000평보다 주차장 시설이 12만 4000평으로 더 넓다는 것이었다. 그 다음으로 유명한 할리우드의 거리는 보도블록 위에 1700개의 유명한 스타들의 이름과 같이 별판을 새겨놓은 것이 특징이었다.

수영복 차림으로 시내를 활보하는 사람들

로스앤젤레스에서 며칠간의 여행을 마치고 환상의 섬 하와이에 도착하였다. 로스앤젤레스에서 하와이까지는 약 5시간 정도의 비행시간이 소요되었다. 하와이의 날씨는 21~29℃ 사이를 오르락내리락 거린다. 세계에서 가장 살기 좋은 곳으로서 그 유명한 와이키키 해변을 비롯하여 많은 관광 명소가 산재해 있다.

하와이에서는 벗고 다니면 신사, 입고 다니면 촌놈이라고 할 정도로 모든 사람들이 수영복 차림으로 시내를 활보하고 있었다.

백인들이 틈만 나면 웃통을 벗어부치고 뛰고 풀밭에 거의 알몸으로 뒹구는 이유가 멋으로 그러는 것도 아니고 쌍스러워서 그러는 것도 아니다. 햇볕을 쬐지 않으면 곰팡이가 스는 피부를 가졌기 때문이고, 뛰지 않고 운동을 하지 않으면 금방 뚱뚱이가 돼서 생존을 할 수 없게 되기 때문이라고 한다. 살기 위해서 뛰지 않으면 안 되는 것을 알았을 때 우리는 오히려 얼마나 행복한 나라에서 태어났는가를 깨달을 수 있었다.

하와이는 300만 년 전에 화산이 폭발하여 형성되었다고 한다. 1959년 51번째로 미국의 한 주로 편입되었는데, 6개의 섬으로 구성되어 있으며, 80% 인구가 본섬에 살고 있다.

하와이 근교에서는 세계에서 가장 비싼 집들이 많은 것으로 유명하다. 비싼 저택의 정원은 절로 감탄을 자아낼 만큼 아름다웠다. 그중에는 마르코스 전 필리핀 대통령도 살고 있다는데, 가격은 우리 돈으로 70억 원 정도를 호가한다고 한다.

바닷가 아무 곳에서나 고기를 잡으면 벌금을 내야 한다. 손바닥보다 작은 고기는 100불, 그 이상 되는 고기는 500불로 벌금을 징수하는데 낚시로 연간 40억 불의 수입을 얻는다고 한다.

1941년 12월 7일 일본이 진주만 공격을 했던 곳에 도착했다. 360대의 일본 전투기가 구름처럼 몰려와 폭격하여 수많은 선박과 항공기가 폭파되었다. 그 당시 가장 큰 전함인 ARIZONA MEMORIAL호도 폭파된 후 수중에 침몰하여 1200여 명의 현역 군인이 수장되어 버렸다.

미국에서는 그때 사망한 군인들의 직계 가족들에게 죽을 때까지 현역 군인의 대우를 해줌으로써 희생자들의 영혼을 위로하고 있다. 또한 그 지역을 케네디 대통령의 기념관으로 만들어 수장된 ARIZONA MEMORIAL호를 현재까지 침몰 당시 상태 그대로 보존하여 전쟁의 무서움을 관광객들에게 일깨워 주고 있었다.

나는 진주만의 전쟁 전시물을 관람하면서 일본의 잔혹함과 전쟁의 비참함을 느낄 수가 있었다. 수천 마디의 말과 수백 권의 책보다 옛 전쟁의 실체를 보여줌으로써 전쟁의 가공할 무서움을 실제로 느낄 수 있는 가장 좋은 교육 방법이라 생각한다. 우리나라도 6 · 25전쟁의 남침 전시물을 보존하여 후세들에게 보여줌으로써 전쟁의 무서움을 실감할 수 있지 않을까 생각된다.

하와이에는 그 외에도 구경할 것이 많았다. 사탕수수밭, 파인애플 농장, 태풍의 계곡 월리월리 등 전 해변이 관광 명소이며, 하와이 원주민의 민속춤 훌라훌라는 정말 인상적이었다.

화려해 보이나 흑인들의 적개심이 도사리고 있는 미국

미국은 극과 극이 공존하는 나라였다. 땅이 워낙 넓다보니까 비옥하고 자연 조건이 좋은 곳도 많지만, 라스베가스처럼 1년 동안 비가 거의 오지 않아 일년 내내 45℃를 오르내리는 무더운 지역도 있고, 그보다 더 척박해서 사람이 도저히 살 수 없는 곳도 많았다. 그런 점에서 사계절이 뚜렷한 우리나라가 한없이 좋아 보였다.

우리나라에서도 지역감정으로 다소의 문제가 있지만, 미국에서는 어디를 가나 천한 일거리는 도맡아하고 있는 일부 흑인들이 상대적으로 백인에게 품고 있는 적개심이 아직도 상존함을 보았으며, 아예 피부 색깔부터 흑백으로 나누어진 것은 그 이상 불행한 일이 없었다.

미국은 역사를 중요시하는 나라, 과거를 사랑하는 나라, 부강하고 부유한 나라, 소비를 미덕으로 하는 나라, 법과 질서를 중요시하는 나라, 즐거움을 낙으로 하는 나라, 미래를 창조하는 나라, 명예를 먹고 사는 나라, 빈부의 격차가 엄청난 나라, 각 주와 도시마다 특징과 상징이 있는 나라, 예의범절이 전혀 없는 무관심한 나라, 어떤 규제나 통제를 받지 않는 나라, 누구나가 열심히 일하면 잘사는 나라, 자원이 풍부한 나라, 광활한

국토를 가진 나라, 관광업이 번창한 나라, 불가능이 없는 나라라는 아주 복합적인 인상을 받았다.

그러나 아무리 미국이 좋아 보여도 내 나라, 내 고향, 내 집이 가장 좋은 보금자리이며 미국 전체와도 바꿀 수 없는 소중한 것이 내 민족이요 우리나라라는 것을 이번 연수에서 뼈저리게 느꼈다.

아름다운 도시 샌프란시스코

미국의 태평양 연안 서부 대륙 한가운데 위치하여 중심 역할을 하고 있는 샌프란시스코는 320km에 달하는 해안선에 90개의 부두가 존재하고 있는 세계적인 무역항이다. 우리나라의 수출 선복량 70%가 이 항구를 통해서 운송되고 있다고 한다.

샌프란시스코를 중심으로 50개의 크고 작은 도시가 산재하고 있는데, 서울의 두 배 정도 면적에 인구는 700만 명 정도가 살고 있다. 기후는 일년 내내 초가을 날씨이다. 얼음과 눈 구경을 할 수는 없지만, 낭만의 도시로써 '이 세상에서 여기보다 더 아름다운 곳은 없다' 라고 말할 정도로 멋진 도시였다.

그 유명한 베이브리지(BAY BRIDGE)는 세계에서 가장 긴 다리(13.25km)인데, 5차선 2층 다리로 일방통행이다. 베이브리지 중간에 인공 섬을 만들어 세계만국박람회를 개최했다고 하는데, 그 당시 루즈벨트 대통령은 미국 역사상 침략하지 않고 처음으로 얻은 영토라고 자랑스럽게 연설하였다고 한다.

샌프란시스코의 골든브리지 앞에서

샌프란시스코에는 세계적으로 유명한 다리 금문교가 있다.

1918년 죠셉 스트라우스는 엔지니어가 바다를 건너는 4백 피트나 되는 긴 다리를 놓겠다는 꿈을 가졌다. 그 당시의 기술로는 도저히 다리를 놓을 수가 없었다. '파도가 너무나 거세고 조류의 힘이 너무 강해 일을 하기가 힘들 뿐 아니라 기선이 지나갈 정도의 높은 다리를 놓을 수가 없다.' 는 부정적인 생각들이 가득했다. 1933년에 자기의 모든 생애를 바쳐서 다리를 건축하기 시작했다.

처음에는 연 날리기 대회를 열어서 연줄을 가지고 바다를 건넜다.

그렇게 1933년에 시작해서 1937년 5월 24일 완공되기까지 공사 기간 4년과 20만여 명을 도원했다. 금문교는 미국의 자랑거리며 죠셉 스트라우스의 자신감과 열정이 금문교를 만들어 놓았다.

미국은 정치 체제가 밑에서 위로 올라가는 제도인데 비하여 다른 나라는 위에서부터 밑으로 내려오는 것이 다르다고 볼 수 있다.

교육 분야로 링컨 대통령 때 우선 학교를 짓고 기숙사를 세워 인재를 양성하라는 캐치프레이즈에 미국의 모든 주립대학들이 설립되어 인재 양성에 힘을 기울였다고 하는데, 캘리포니아주에는 29개의 주립대학이 있다. 이중 최초로 설립한 주립대인 버크리대학(BERKELEY UNIVERSITY OF CALIFORNIA)이 시 근교에 형성되어 동부에서 오늘날 큰 도시로 발전된 기초가 되었다고 한다.

버클리대학의 학생 수는 4만여 명이고, 컴퓨터와 극히 중요한 부서만을 제외하고는 시민 누구나가 대학을 이용할 수 있다고 한다.

이 대학에서 노벨상 수상자가 25명 배출되었다. 교육 방법은 자유롭고 교수인지 학생인지 구분이 어려울 정도로 권위 의식이 없다고 한다.

교수의 모든 행동과 철학이 학생들에게 전달되며, 그 전달된 행동과 철학은 학생들이 가정에 돌아가 온 가족과 사회에 전파되고, 또 학생 개개인이 어른으로 성장하여 사회와 가정에서 생활할 때 교수들한테 배운 지식과 가치관이 큰 힘으로 작용하여 생활을 해나간다고 한다.

1990년 2월《현대 해양》

세계의 명문대학이 자리 잡고 있는 보스턴

보스턴에는 세계 제일의 명문대학이라고 일컫는 하버드 대학(Harvard University)과 MIT(massachusetts Institute of Technology)대학이 있는 곳이다. 세계 각국의 교수나 학생이면 누구나가 한번씩은 가보고 싶고, 수학하고 싶은 대학일 것이다.

보스턴 시내 한쪽으로는 유서 깊은 찰스 강이 흐르고, 그 강을 따라 MIT와 하버드대학이 나란히 위치하고 있다. 우리나라의 웬만한 시보다 넓은 캠퍼스, 크고 작은 수목들이 짜임새 있게 우뚝 서 있고, 그림 같은 푸른 잔디는 온 캠퍼스를 뒤덮고 있다.

각 분야에서 가장 우수한 석학과 인재들이 한데 모여 밤낮으로 일년 내내 인류의 복지와 발전을 위해 끊임없이 연구와 대화로 창조를 추구하고 있는 학문의 전당 MIT는 이 시대의 과학과 공학의 본산 역할을 하고 있다.

MIT는 인간 교육, 지식 도야, 국가와 공업 발전에 공헌이라는 세 가지 교육목표 아래 1861년 보스턴에 설립되어 1916년에 케임브리지로 이전되었다. 매사추세츠 공과대학(MIT)은 대학의 기능인 연구, 교수, 봉사 중에서도 연구 중심의 과학기술 분야의 사립대학으로 유명하다. 개교 당시 15명이었던 MIT의 현재 재학생 수는 4325명, 대학원생 5216명 등 약 1만 명 정도인데, 이중 90% 정도가 공학 및 과학에 공부하고 있는 공과대학이라고 볼 수 있다.

MIT는 88년부터 공학계 신입생들에게 사회구성원으로 필요한 인문사회 과목을 3과목 이상 필수 이수토록 규정하는 등 전인교육에 힘쓰고 있다. 1만여 명의 학생 지도를 위해 955명의 교수가 있고, 이외에도 조교, 연구 지도자, 강사 등 1146명, 행정과 사무를 처리하는 600여 명의 직원이 있다. 교수들의 실력도 세계 최고라고 할 수 있는데, 그 중에는 헨리켄달, 사뮤엘슨 등 8명의 노벨상 수상자와 90여 명의 미국 학술원 회원이 있다.

미국에서는 각 대학 학과별로 평가 제도를 실시하고 있는데, MIT는 5년 동안 계속 수위를 차지하고 있다. 이것을 보더라도 교수들이 얼마나 연구와 학생 지도에 전념하고 있는가를 알 수 있다.

1997년 5월 SOS 칼럼

매사추세츠 대학(MIT)의 학풍

MIT는 1861년 실용주의를 표방한 과학 · 공학 및 기술교육을 위해 설립된 사립대학이다.

MIT의 학풍은 이웃 하버드 대학과는 달리 매우 개방적이다. 세계 각국의 학생들이 모여들어 국제적인 분위기를 물씬 풍기고 있고, 특히 산업 현장에서 일어나는 실제 문제를 해결하기 위해 학제적 접근이 풍부하게 이루어지고 있다. 즉, 20세기에 다른 학교들에서는 학과를 세분화하여 현실 문제에 대처하는 추세임에 비하여 MIT에서는 대과주의(大科主義)를 채택해 온 것이

MIT 공과대학

특징적이다. 즉, 총 5개의 단과대학에 21개 학과만이 있고 그 안에서 세부 전공을 두어 학문간 교류를 촉진하고 학과 간 프로그램이나 공동 실험실 학제 간 연구소 체제가 활성화되어 있다.

캠퍼스의 면적은 약 19만평, 모든 건물들은 비를 안 맞고도 다닐 수 있도록 연결 통로가 되어 있어 MIT의 학문간 교류를 촉진하는 상징적 역할을 하고 있다.

단과 대학 및 학과로는 건축 · 도시계획대학에 건축학과, 도시계획학과, 그리고 미디어 예술 및 과학 프로

그램이 있고, 공과 대학에는 총 8개 학과(항공우주공학과, 화공학, 토목공학, 전기공학 및 컴퓨터과학, 재료공학, 기계공학, 원자력공학, 해양공학과)가 있으며 학과 내에는 세부 전공을 두고 있다.

인문사회과학대학에는 노벨상 수상자가 다수 포진하고 있는 경제학과, 언어 및 철학과, 정치학과, 과학기술 사회프로그램, 그리고 학사학위 과정만 있는 인문학과(6개 전공)가 있다. 슬로운 경영대학은 미국 전체에서 3위 이내로 평가 받고 있다. 이과대학은 생물학과, 두뇌 및 인지과학과, 화학과, 지구 · 대기 · 천체과학, 수학과, 물리학과 등이 있다.

이밖에 위생과 보건과학 및 기술대학은 독극물 전공과 Harvard와의 보건기술 협동과정이 설치되어 있다. 흔히 MIT를 공학대학 정도로만 알고 있으나 인문 · 사회과학 분야 특히 경제학, 언어학, 경영학 등은 최고의 교수진이 포진하고 있으며 미국 학교평가 기관으로부터 매년 1~3위로 평가받고 있다.

학위는 학사, 석사, 박사학위를 수여하는데 특징적인 것은 현장 기술의 최고 학위로서 석사와 박사의 중간 격이라고 할 수 있는 엔지니어 학위를 수여하고 있다는 점이다. 특히 63개에 이르는 학제 간 실험실, 연구소, 특별 프로그램이 있어서 첨단기술과 현대 사회에서 나타나는 문제 해결을 시도하고 있다. 예컨대 첨단 시각연구소, 인공지능 연구소 등은 80년대에 새로이 출현한 연구소이다. 교외에 위치한 링컨연구소에서는 국방에 응용 가능한 첨단전자 기술 개발을 한다.

MIT에는 총 894명의 교수가 있으며 행정 · 사업체 직원은 850명에 이른다. 교수의 숫자가 적어서 의외라는 생각도 들겠으나 실제로 대학원의 연구 조교, 강의 조교, 강사조교를 합치면 1천 500여명에 달하며 주당 10시간 이상의 강의 · 연구에 몰두하고 있다.

96년 현재 총 수탁연구비는 4억 달러로서, 링컨연구소의 3억 달러를 합치면 실로 천문학적인 숫자이다. 학제는 학기제를 채택하고 있으며 1월의 4주간은 특별활동 기간으로서 다양한 동아리 활동을 추구할 수 있다. 예컨대 너구리의 생태연구, 해커클럽 등은 특색 있는 동아리로 꼽힌다.

총 학생수는 학부 4천 429명, 대학원 5천 518명이며, 대학원생을 중심으로 한 한국학생회의 인원도 150여명에 이른다. 학비는 연간 2만 2,000달러이며 대부분의 학생들은 장학금으로 공부하고 있다.

MIT의 연간 운영예산은 1996년 기준 14억 달러에 달하며, 이중 절반은 수탁연구비이고 등록금은 전체의 15%에 불과한 실정이다. MIT에서 특히 인상적이었던 것은 24시간 학교에 불이 켜져 있고, 학생도서관도 24시간 운영되고 있다는 것이다. 또한 공부에 스트레스를 많이 받다보니 매년 34명의 자살자가 나오고 있어 공부의 중압감이 매우 심각하다는 것을 느낄 수 있었다.

그러나 금요일 저녁부터 일요일 아침까지는 학교 내에 각종 파티가 열려 일주일간의 공부로부터 해방감을 누린다.

1997. 5. 21.〈SOS 칼럼〉

프랑스를 다녀와서

7월 초, 약 일주일간 프랑스 앙제르시(Angere)에 있는 ESA대학과 자매결연 관계로 프랑스와 영국을 여행할 기회가 있었다.

김포공항에서 파리까지는 약 11시간 30분이 소요되었다. 긴 여정 끝에 파리에 도착했는데, 공항부터가 실망스러웠다. 단 한 가지 비자 없이도 입국할 수 있다는 것이 편리하였다.

첫날 파리 근교 작은 호텔에서 하루 밤을 보냈는데, 프랑스의 모든 생활도구가 편리하며 간소하다는 것을 느꼈다. 승용차도 소형이고, 호텔의 침대, 변기, 책장, 의자, 커피잔 모두가 소규모로 제작되어 있었다.

이튿날 떼제베를 타고 2시간 정도 가니 ESA대학이 있는 앙제르시가 나타났다. 가는 동안 산은 찾아볼 수가 없었고, 넓은 평야만 계속되었다. 들판에는 밀과 채소를 재배했고, 소와 양 등을 기르는 목축업이 성행하고 있었다.

파리의 떼제베역은 백인, 흑인, 유색인종, 큰 사람, 작은 사람, 뚱뚱한 사람, 마른 사람 등 천태만상이어서

파리의 개선문

마치 인종 전시장을 방불케 했다.

서독, 프랑스, 영국, 스위스, 이태리 등 유럽의 인접 국가들이 국경 없이 떼제베를 타고 마음 놓고 여행을 할 수가 있으며, 조금도 민족간의 갈등이 없어 보였다.

앙제르시에 도착하여 ESA대학에서 약 4일간 머무르면서 여러 가지를 느꼈다. 입학 정원이 150명 정도인 작은 대학이지만, 5년제 대학으로써 우리나라의 과학원처럼 농업 분야의 인재를 양성하기 위해 교수, 학생, 산업체 직원들이 혼연일체가 되어 연구하고, 토론하면서 방학인데도 빈 연구실이 없을 정도로 알찬 생활을 하고 있었다.

학생들은 그룹별로 비디오를 보면서 토론하고, 산업체 직원들은 교수와 세미나를 통해 지식을 쌓아갔다. 우리나라의 경우는 어떤가? 방학이 시작되자마자 빈 연구실, 빈 강의실이 태반이다. 학교가 텅텅 비어 마치 휴업 상태를 연상케 할 정도이다.

독일 근교의 ISA대학이 있는 Lilla라는 도시에도 가보았다. 떼제베를 타고 하루 종일 왕복하면서 프랑스에서는 산을 볼 수가 없고 넓은 평야만 계속되는 것이 신기할 정도였다. 주식이 빵과 포도주, 햄버거, 채소 등으로 매우 검소하고 성실함을 느낄 수 있었다. 처음엔 모든 것이 작고 초라하게 보였지만, 마지막 날 파리를 돌아보면서 나의 생각이 잘못되었음을 느꼈다.

파리의 세느 강변에 몰려든 관광객은 밤 11시까지 인산인해를 이루었다. 유럽은 해가 늦게 지므로 11시까지 낮이 계속되었다. 파리의 명물 에펠탑, 몽마르뜨의 언덕, 노틀담의 사원, 베르사유 궁전, 개선문, 나폴레옹의 기념비, 그리고 세느강변 주위로 만들어진 관광명소들. 모든 건물에 스며있는 조형미 속에서 파리의 유구한 역사를 느낄 수 있었다. 특히 세느강변에서 보는 에펠탑의 야경은 눈부시게 아름다웠다. 300여 개나 되는 거대한 탑을 오르내리기 위한 엘리베이터를 타기 위해 몇 시간씩 대기해야 하는 지루함이 있긴 했지만 말이다. 성실과 근면을 생활신조로 여기고 맡은바 직분을 다하는 파리의 국민들. 재산을 모으기 위해서 부정한 행동으로 남을 속이는 법이 없다. 재산을 모아서 자식에게 상속하게 되면 오히려 세금이 더 많이 부과된다는 이유도 있기 때문이다.

마지막 날 파리에서 영국의 런던 웰터루역까지 가는데 2시간 30분이 소요되었다. 그중 30분간은 대서양을 가로질러 놓인 해저터널 속을 지났다. 그 먼 거리를 그것도 바다 속에 터널을 만들어 여행하는 것을 보면 인간의 노력과 지혜가 얼마나 큰가를 느낄 수 있을 것이다.

이야기로만 전해 듣던 영국을 직접 방문해 보니 해가 지지 않는 나라, 세계를 주름 잡았던 대제국, 여왕의 왕실이 존재한 나라, 민주주의를 가장 꽃피운 나라라는 것을 실감할 수 있었다.

웰터루역에 내리니 손님과 짐을 실어 나르는 지프형 택시가 있었는데, 30년 전부터 사용하던 것들이라 한다. 역시 전통과 역사를 중요시하는 나라라는 것이 느껴졌다.

두 나라를 여행하면서 교통 문제, 환경 문제, 교육 문제에 대해 많은 생각을 하였다. 그리고 머지않아 그들 나라처럼 발전되어 있을 우리나라를 떠올려 보았다. 부디 그날이 빨리 오기를 바랄 뿐이다.

여행 중 음식이 맞지 않아 단식으로 지내다가 돌아왔다. 그래도 내 나라, 내 집이 좋은가 보다.

1996. 8. 17.〈sos 칼럼〉

파도를 헤치며 키우는 꿈

무질서 속에 발전하는 대만

지난 6월 3일, 본 대학의 승선학과인 어업학과, 기관학과, 전자통신공학과의 3개 학과 학생을 데리고 원양 승선 실습에 나섰다. 오후에 여수 신항을 출발한 전남 401호와 402호는 먼저 대만의 기륭을 향해서 출발하였다.

항해 도중 거문도 근해에서 조업 실습을 했다. 2시간 이상 그물을 끌었으나 고기가 거의 잡히지 않아 말로 듣던 연안어장의 고갈이 얼마나 심각한 가를 느낄 수 있었다.

대만 기륭까지의 항해는 밤낮으로 꼬박 3일이 소요되었다. 칠흑같이 캄캄한 밤의 항해에서는 그칠 줄 모르는 기관 소리와 가끔 귓전을 스쳐가는 학생들의 고함소리만이 고요의 적막을 깨고 있었다.

항해 도중 저기압을 만나서 멀미와 단식으로 하루를 버티고, 기진맥진한 상태에서 하루를 지내다 보니 해상의 선상 생활이 얼마나 어렵고 힘든 것인가를 뼈저리게 느꼈다.

6월 6일 아침, 마침내 대만의 기륭항에 도착하였다. 선상에서 기륭 시가를 바라다보니 지금까지의 고생과 피로가 모두 풀리는 듯하였다.

기륭 항구에 묘박해 있는 화물선들과 입출항 모습에서 대만의 경제 동향을 대충 알 수 있었다. 외국의 대형 화물선 수십 척이 바쁘게 왕래를 하고 있었다.

그 다음날 우리들은 대만의 타이베이 관광에 나섰다. 먼저 수도인 타이베이로 갔는데, 가는 도중 자가용과 오토바이가 교통의 중요한 수단으로 큰 역할을 하고 있음을 느낄 수 있었다. 시가지를 메우며 질주하는 차량과 오토바이의 물결 속을 자유로이 운행하면서, 무질서 속의 질서와 웃으면서 서로 양보하고 열심히 일하는 모습들이 경제와 사회 건설을 더욱 부강하게 하는데 한 몫을 담당하고 있는 것처럼 느껴졌다. 또 특이한 것은 우리나라와 한 시간의 사차인데도, 비가 왔다 맑았다 예측을 할 수가 없는 변덕스러운 열대기후에 속하여 2, 3모작의 벼농사가 가능하다고 한다.

타이베이에서 가장 먼저 도착한 곳이 장개석 총통의 기념관이었다. 이 기념관은 10만평 대지 위에 웅장한 모습으로 타이베이 시가지 중심가에 자리 잡고 있었는데, 해외에 있는 교포들이 성금을 보내주어 건립했다고 한다. 기념관에는 장개석 총통의 일생 동안의 발자취들을 볼 수 있도록 많은 사진과 유물들이 전시되어 있었다. 이 유물들 하나하나에 서려 있는 장개석 총통의 역량이 대만 국민들의 정신적인 지주로 자리 잡아 오늘날 대만이 이토록 성장 발전할 수 있는 기틀이 되었던 것 같다.

대만은 우리나라 경상남도만한 크기의 지하자원이 풍부한 나라이다. 전체 인구는 2000만 명 정도이고, 타이베이에는 300만 명 정도가 살고 있다. 날씨는 여름 날씨가 8개월 정도 지속되며, 국민들의 편리함을 위해 국민 개개인을 최우선으로 생각하는 정치가 행해지고 있다 한다.

다시 말하면, 모택동과 장개석 총통은 사상 때문에 동서 진영으로 갈라서게 되었는데, 대만은 모든 것에서 국민들을 진정으로 편리하게 해주는 정치, 또 그 속에 대만 국민들로부터 존경받고 정신적인 지주로 남아 있는 장개석 총통, 무질서 속에 질서가 있고, 남을 먼저 생각하고, 인내하며, 무언 속에 서로를 이해하는 국민적인 도덕심, 이것이 바로 오늘의 대만을 이룩한 초석이라 볼 수 있다.

기념관을 뒤로 하고 우리 일행은 국립 고궁박물관을 방문했다. 이 박물관은 장개석 총통이 중국 본토에서 철수할 때 10만 명의 군인을 후퇴시킬 수 있었는데도 불구하고, 오히려 이 유물과 보물의 문화적 유산으로써의 가치를 더 높이 여겨 7척의 선박에 실어 와서 만들어졌다고 한다.

그 당시 부하들의 폭파 건의를 받은 모택동이 그 보물들은 언젠가는 본토로 돌아올 것이라고 하면서 폭파 명령을 내리지 않았던 그러한 마음속에서 국립 박물관의 모든 유물들이 중국인들에게는 얼마나 귀중한 문화적 유산인가를 알 수가 있었다. 이 박물관에 소장되어 있는 유물들을 물질적인 값으로 계산한다면 대만 국민들이 100년을 편히 먹고 살 수 있을 정도라고 하니, 정말 어마어마한 것임에는 틀림없는 것 같았다.

약 2시간 동안 박물관을 둘러보니 중국의 동서고금을 통하여 수집된 도자기, 그릇, 그림, 옥, 돌, 쇠, 풍물 등 그 모든 유물들이 전시되어 있었고, 비가 오는데도 불구하고 많은 인파가 인산인해를 이루었다.

단체 관광 이틀째인 그 다음날은 먼저 대만국립해양대학을 방문하여 각 학과별로 실험실과 실습실을 견학하고, 야류해상공원과 메모리얼 공원 등을 구경하였다.

바다를 지배한 일본

3일간의 대만 일정을 마치고 6월 9일 아침 7시, 출항수속을 끝내고 일본 고베항을 향해서 출항하였다. 다행스럽게 날씨가 맑아 파도도 잔잔하였다.

첫날 항해 중에 제자 316 행복호 정성호 국장에게서 유익한 실습을 기원하는 전보가 왔다. 무려 5일 동안 항해를 해야 일본 고베에 도착한다고 한다.

이 어려운 항해 속에 어업과 학생들은 브리지에 주야간 항해와 조업 실습을, 기관과 학생들은 그 뜨거운 기관실에서 기관 실습을 열심히 하는 모습이 대견하였다. 낮과 밤의 구별이 없는 해상의 선박 생활에서 먹고 자고 하는 가운데 맡은바 자기 임무를 충실히 함으로써 안전 항해를 할 수가 있었다.

GPS라는 항법장치가 있어 위치와 항로 결정에 관한 역할을 잘해 주고 있었고, 장해물의 탐지와 선박의 충돌 여부는 레이더가 그 임무를 충실히 잘해 주고 있었다. 단, VHF의 통신 연락은 선박 상호간에 20마일 정도 떨어지면 통화가 불가능하였다.

요즈음 통신장비가 대단히 발달하여 언제 어디에서 누구와도 교신할 수 있는 최첨단 장비가 많이 개발 되었는데, 해상의 안전 항해를 위하여 새로운 통신 시대를 예고한 GMDSS시스템은 우리나라의 선박에서는 아직 먼 나라 얘기처럼 들렸다.

항해 중 가장 중요하다고 할 수 있는 기상 관계는 일본 기상국에서 보내준 팩시밀리를 통하여 그날그날 일기 상태를 파악할 수 있었다. 또 항해 중에는 TV 보도, 라디오 방송, 신문 등과 같은 육상의 소식들을 접할 수 없는 상태이기 때문에 그야말로 망망대해에서 고립된 감옥과 같았다.

우리 선박은 소위 수산대학의 실습선인데도 이 모양인데, 다른 선박이나 어선 같은 선박은 어쩔지 짐작이 가고도 남는다.

항해 중에 느낀 내용은 다음과 같다.

1. 방송 매체가 보다 활성화되어 해상의 모든 선박들에게 정보 제공이 필요하다.
2. GMDSS 실현까지 동지나해와 5대양의 모든 항해 선박들이 회사나 가족들과 자유로이 통신할 수 있는 통신장비를 개발해야 한다. 이번 실습 중 한국이나 일본과의 통신 연락은 단파 통신인 CW통신이 유일한 수단이었다.
3. GPS는 현재 사용하고 있는 로란이나 방탐과 같은 장치보다는 많이 발전되었다.
4. 현재 선박이 11노트에서 14노트의 속도로 항해를 하고 있는데, 더 빠른 속도로 항해할 수 있도록 고속화된 기관을 개발해야겠다.
5. 해군이나 해경에서 사용하고 있는 MTS통신장비의 성능이 대단히 양호하므로 이 장비의 가능성을 연구해야 한다.
6. 해상에서의 항해 중 가장 중요한 기상 정보의 전달이 시시각각으로 행해질 수 있는 시스템 확립이 필요하다. 현재 기상 통보를 팩시밀리를 통해서 수신하고 있는데, 팩시밀리의 고장으로 인한 경우

를 대비하고, 우리나라의 교통방송국처럼 수시로 기상 정보를 전달할 수 있는 전담 기상국 설치가 필요하다.

3일간의 항해 끝에 일본 근해에 다다랐다. 여태껏 일본 어선들은 보이지 않았는데, 그곳에 이르러 어선들이 눈에 뜨이니 일본이 가까워지는 것 같았다. 3일 동안 날씨는 그런대로 좋아 항해는 순조로웠다. 말로만 듣던 동지나해를 3일 동안 밤낮으로 항해했던 것이다.

보이는 것은 수평선과 우리 곁을 가끔씩 자나가는 화물선이 있을 뿐이었다. 일본 근해를 항해하면서 일본 어선들을 보고 느낀 점은 다음과 같다.

1. 우리나라 어선도 일본 어선처럼 20톤 전후의 소형 어선으로 개량화하고, 흰색으로 통일을 시켜 어선임을 주지시킨다.
2. 연근해에서 조업을 할 수 있도록 기르는 어업을 중점 양성한다.
3. 어선을 현대화시켜 원해라 할지라도 빠른 속도로 항해하여 조업하고 귀항할 수 있는 어선을 건조하여 보급한다.

4. 통신장비를 개발하여 소형 어선에도 육상과 자유로이 교신할 수 있는 MTS방식의 통신기를 개발해야 한다.

대만 기륭을 떠난 지 만 5일 만에 일본의 고베항에 도착하였다. 멀고도 지루한 항해였다. 선상 생활이 그렇게 어렵고 힘들다는 것을 처음 느꼈다. 많은 선원들이 가족과 떨어져 험난한 해양에서 얼마나 힘들고 어려운가를 짐작할 수가 있을 것 같았다.

고베항에 묘박해 있으면서, 항만 시설이 완벽하게 되어 있어 크고 작은 선박들의 하역과 운송이 아무런 지장 없이 이루어지고 있다는 점과, 국제 여객선과 화물선들의 빈번한 입출항만 보더라도 무역과 수출이 얼마나 잘되고 있는가를 느낄 수 있었다.

다음날 고베의 시가지와 육갑산을 구경하였다. 깨끗한 거리, 우거진 숲, 질서 정연하게 정돈된 아파트, 도로, 항만 시설, 그래서 고베의 육갑산에서 내려다 본 시가지는 한 폭의 그림 같은 절경이었다.

케이블카 매표소의 운행자 및 톨게이트의 종사원 등은 대부분 노인들이 친절하게 근무하고 있었다. 늙으나 젊으나 놀고 있는 사람이 없고, 모두가 어떤 일이든지 가리지 않고 열심히 하며, 직업에 귀천이 없고, 자기 직업에 긍지를 가지며, 모두가 열심히 살고 있다는 느낌을 강하게 받았다. 이런 느낌들이 육갑산의 우거진 숲과 조화되어 수십 년, 수백 년의 역사와 전통을 자랑하고 있는 하나의 걸작과 같았다. 그 다음날 고베상선대학과 바다를 매립하여 만든 로고 아일랜드 등을 견학하였다.

고베상선대학은 5개 학과 정도가 설치된 단과대학으로써 해양 분야와 선박 승선에 관련된 학과만 설치되어 있는 순수 해양대학이었다. 우리 여수수산대학과 관련있는 대학으로써 학생들과 함께 기관 공장, 수조, 실습선, 박물관 등을 견학하였다. 그 대학이 우리나라 대학과 특이하게 다른 점은 1학년에 교양과목이 없고, 바로 전공과목으로 들어간다는 것이었다. 또 우리나라처럼 대학에 진학하기 위해서는 1년 정도 재수를 하는 것은 보통이라 하는데, 일단 대학에 입학하게 되면 취업이 잘되기 때문에 공부를 열심히 하지 않는다고 한다.

그날 오후에는 야마 디젤엔진공장을 견학하였다. 평생 해난 사고 연구로 기관을 중요시 하는 나로서는 감회가 새로웠다.

일본뿐만 아니라 한국에서도 유명한 이 회사 내 곳

나라의 금각사 전경

곳을 공장장이 안내해 주었다. 거기에서 기관이 처음 설계되어 조립되는 과정을 견학하였다. 본 대학 신조선 1천 톤의 실습선에도 야마엔진이 설치된다고 안내자는 자랑하였다. 그 다음날 오사카성과 교토 및 나라의 동대사와 금각사 등을 견학하였다.

며칠간 일본을 돌아보면서 어디를 가나 자율적인 교통질서와 깨끗한 공중시설, 깨끗한 거리를 대할 수 있었는데, 일본 국민들의 도덕심과 준법정신을 확인할 수 있었다. 또 부자나 가난한 자나 검소한 생활과 바른 예절, 그리고 자기가 맡은 일과 직업에 대해 귀천을 가리지 않고 열심히 노력하는 자세는 우리들에게 많은 감명을 주었다. 시골과 도시 간에 생활의 격차가 거의 없고, 남녀노소를 불문하고 일자리를 주어 그들 스스로 맡은 일터에서 열심히 땀 흘리고 노력하는 자세는 우리가 높이 평가해야 할 일이다.

6월 17일, 고베항을 7시에 출항하여 세도나이카를 거쳐 그 다음날 늦게 여수항에 도착하였다. 세도나이카를 항해하면서 느낀 점도 역시 일본은 해상 관리를 철저히 하고 있다는 것이었다.

오늘날 일본이 경제 대국으로 부상하게 된 것은 잘 활용된 바다가 있었기 때문이라는 것을 어느 누구도 부인치 못할 것이다.

18일간의 원양 실습을 마치면서 선원들의 노고에 따라야 할 후생복지에 많은 배려가 있어야겠고, 최소한 수산대학의 실습선이라면 일본처럼 10년을 주기로 하여 새롭게 교체되어질 것을 강력히 건의하고 싶다.

1992년 9월《현대 해양》

인생을 바꾸는 이야기

2006년 10월 20일 1판 1쇄 인쇄
2006년 10월 25일 1판 1쇄 발행

지은이: 신 현 식
펴낸이: 박 정 태

펴낸곳: **광 문 각**

121-130
서울시 마포구 구수동 42-2 영풍빌딩
등 록: 1991. 5. 31 제12-484호
전화(代): 02)713-2122
팩 스: 02)713-2125
E-mail: kwangmk@unitel.co.kr
홈페이지: www.kwangmoonkag.co.kr

ISBN: 89-7093-393-X 03400

정가: 9,000원